美トイレ 毒出しダイエット

かなつ久美

［教えた人］蓮水カノン*

MEDIA FACTORY

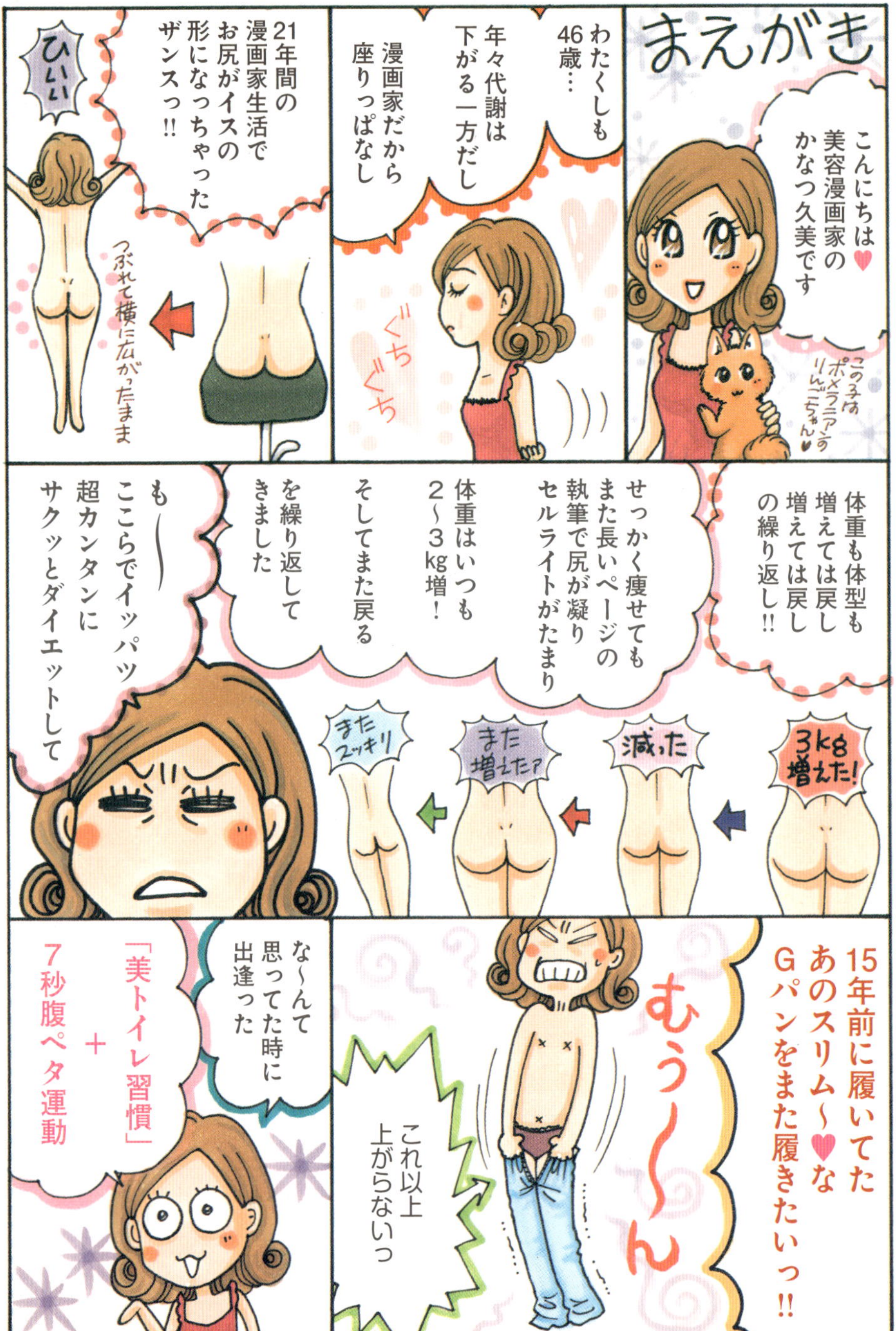
まえがき
こんにちは♥
美容漫画家の
かなつ久美です
この子はポメラニアンのりんごちゃん♥
わたくしも
46歳…
年々代謝は
下がる一方だし
漫画家だから
座りっぱなし
ぐちぐち
21年間の
漫画家生活で
お尻がイスの
形になっちゃった
ザンスっ!!
ひぃぃ
つぶれて横に広がったまま
体重も体型も
増えては戻し
増えては戻し
の繰り返し!!
せっかく痩せても
また長いページの
執筆で尻が凝り
セルライトがたまり
体重はいつも
2～3kg増!
そしてまた戻る
を繰り返して
きました
3kg増えた!
減った
また増えたァ
またスッキリ
も～
ここらでイッパツ
超カンタンに
サクッとダイエットして
15年前に履いてた
あのスリム～♥な
Gパンをまた履きたいっ!!
むう～～ん
これ以上
上がらないっ
な～んて
思ってた時に
出逢った
「美トイレ習慣」
＋
7秒腹ペタ運動

なんと
さっそく試してみたら
2週間で下っ腹が7cm減!!
ヒップは2cm減！
まだ1度打ち合わせしただけの段階なのに…
スッキリ
美容オタクのワタクシもキツネにつままれたように目がテンになりました！
元々私は「急激なダイエット」反対派!!
TVなんかでやってる35kg減!!とかは何年もかけて痩せるべき!!
太った年月をかけて痩せるべきっです
急に痩せると皮が余って
美しい体型にならないし
リバウンドの危険性も高くなるし健康にもよくないからです!!
ダル～～ン
ゆっくり痩せれば皮はついてきます
美しく痩せないダイエットなんて意味がないっ!!
と思っています
そんな私がハマった♥
健康によくて毒出ししながら痩せられる
「美トイレ習慣」は
このお方が考案いたしました
新婚
オーラ～

健康ヲタク菩薩
ち〜ん
もう死ぬほど運動したり飢えるほど食事を減らしたり苦しいダイエットをする必要はありませんよ♥
私にまっかせなさぁ〜い♪
体型自由自在♥プロポーションドクターの蓮水カノンさまです♥
いやあ♥
変人と出逢えて嬉しい♥
美容オタクと言われている私も脱帽！ヲタクを超える変態…いや自らの体を実験台にダイエット効果を実証している ザ☆研究者!! です
カノンさんは『なでるだけ★ダイエット』『腹ペタ★ダイエット』『美脚ポーズで魅せ脚ダイエット』など多くの著書を出版されてる筋金入りの専門家ですっ♥
腹ペタ☆ダイエット
たった2週間で −5センチ！ −3キロ！
なでるだけ☆ダイエット
美脚ポーズで魅せ脚ダイエット
そんなかなつさんこそ『肩甲骨ユルユル体操で女優体型になる』『頭しぼり&リンパつぼで小顔になる』などたくさんの美容本を出している美容オタクではありませんかぁ！
他社なので小さく…
しらじらしい
ところでカノンさんどうしたんスか？この過去の写真
ガハハ
ヘソが茶わかす〜
あわわわ…
こっこれはまだ「美トイレ習慣」に辿り着く前で…
これを見るといかに「美トイレ習慣」が効果的か…説得力ありますなぁ
もういいっつの!!

このビフォーアフターを目の当たりにしてますますヤル気が出ましたっ!!
私ももっともっと上を目指したい!!
2週間ですでに下っ腹7㎝細くなったけどまだあと2kgは落として
モデル体型になりたいのですっ!!
モデル……
ぶりっ
なのであと2kgほどお願いしまぁす♥
……2kgなんてものはねぇ
超カンタン♥よっ
うふっ♥
マジィ?
やはりカノンさんが研究を重ねて発見した「美トイレ習慣」で痩せるんですか?
そう!
理論的には簡単です!
入った量より
出る量が多ければ痩せるのです!!
もの♥

出せば人は痩せるんです！
入れる
入れる
でしょう？
考えてみればその通りですが…
出す
出す
ゴッ
よいしょっと
その方法は……
「美トイレ習慣」
を身につけるだけ♥
いやぁん♥
「美トイレ習慣」…要はトイレで出す!!ってコトですね？
そう♥
出せば出した分体は軽くなる♥
気分も軽くなる♥
体調もよくなって♥
お肌もキレイになる♥
のです♥
ルン♥
ルン♥
ルン♥
デトックス大好き～♥

じゃ食べものも減らさなくていいの？
もちろん！
ハードな運動はもうウンザリでしょう？
とにかく明日に向かって出すべし！出すべし！出すべし！
モォグ モォグ
シュッ シュッ
ダイエットの失敗の原因って「食べものを減らすストレス」だったり一生続けることなんて絶対無理なハードな運動だったりしますもんね
ガマンガマンの辛いダイエットはたいがい失敗するしキレイになれないので避けたいです
そう！食べものを減らしては出るモンも出なくなります
しっかり食べて
「美トイレ習慣」で体に負担をかけず超カンタンに毒出しダイエット♥
それがカノン式♥
出す 出す 出す 出す 出す

かなつ久美♥たった2週間の「美トイレ習慣」で、この効果♥
いやはや説得力ありますよ見てくださいこの結果
うれし涙…
下っ腹 -7cm
ウエスト -2.1cm
ヒップ -2.6cm
なのにバストは +1cm
(マジで)スカートスッカスカっス
でしょお? このくらいのサイズダウンは簡単♥なのよね♥
理想はあと3kg落としてウエストは58cm!! です!
すぐにイケますよ
かなつさんの場合3kg落とすと上半身が痩せてしまってバストが減ってしまうので3kg落としてバストにプラス1kg 計2kg減 というイメージです
うへ~♥ さすが体重&体型自由自在♥
そんなことできるの~~?
ただ痩せればいいってもんじゃないですからね! 女らしい体型を維持しつつスリムな所はスリム! そんな体型を作るのは得意です♥
いやいやホントにすごいお人だよこの人は…
職人だよ
変態とも云ふ…
ここでポチャ友を紹介します 私の2kgはすぐ達成できそう♥なので「痩せがいのある人」がいた方がわかりやすいでしょ?
ってコトで

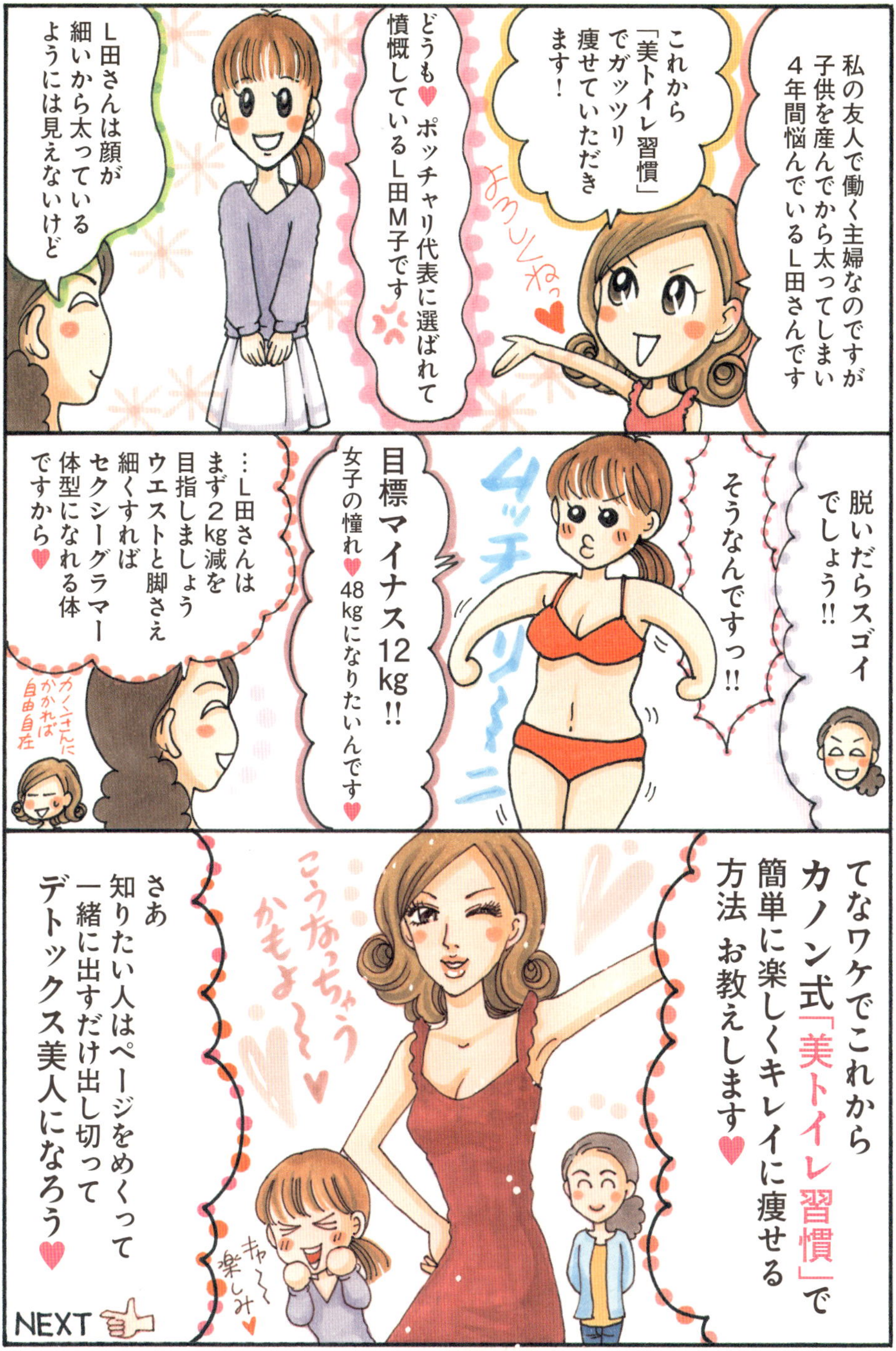

私の友人で働く主婦なのですが子供を産んでから太ってしまい4年間悩んでいるL田さんです
これから「美トイレ習慣」でガッツリ痩せていただきます！
よろしくねっ♥
どうも♥ポッチャリ代表に選ばれて憤慨しているL田M子です
L田さんは顔が細いから太っているようには見えないけど
脱いだらスゴイでしょう!!
そうなんですっ!!
ムッチリ〜ニ
目標マイナス12kg!!
女子の憧れ♥48kgになりたいんです♥
…L田さんはまず2kg減を目指しましょう
ウエストと脚さえ細くすればセクシーグラマー体型になれる体ですから♥
カノンさんにかかれば自由自在
てなワケでこれからカノン式「美トイレ習慣」で簡単に楽しくキレイに痩せる方法 お教えします♥
こうなっちゃうかもよ〜
キャ〜〜楽しみ♥
さあ
知りたい人はページをめくって一緒に出すだけ出し切ってデトックス美人になろう♥
NEXT

第四章◆美しく痩せられる食事、3大ルール！

第五章◆体が痩せモードに突入したら、お腹の運動不足を解消しよう！

タイプ別 おすすめ腹ペタ運動

第六章◆もっと！ 体重を落としたい人のための、なでるだけ必殺技

第七章◆ダイエットでリバウンドしないコツ、あります！

お医者さんからの注意点

●水分摂取について、心疾患や浮腫がある人は注意が必要です。実践する前に主治医に相談すること。

●日々の適度な運動で汗を流すことや、バランスのとれた食事、適切な睡眠をとること、ストレスをためこまないなど生活リズムを整えたうえで本ダイエットを施行することが成功につながります。

第一章

どんな人でも必ず痩せる！美トイレ習慣って何？

痩せたかったら栓を抜け!!

つうことで私かなつがボケーっと打ち合わせをしていた2週間の間に何が起こったか!?
知りたいでしょう!?
知りたいに決まってんだろっ
←読者サマのお声
なのでここから2週間前に戻りますよ
打合せ風景
かなつさん！L田さん！このダイエットの根本というべき
「お風呂の栓抜き理論」を理解してほしいのです
これがわかればダイエットはとぉ～っても簡単♥なんですよ♥
ハイッ
簡単っ!?
ふも！
まず自分の体を「お風呂の浴槽」と考えてみてください
例えば60ℓ入ってる浴槽の水を50ℓにしたい場合
中に入ってる水の量が少なくなればいいわけです
自分の体
60L
50L
が！みなさんがよくやる失敗は
ただ蛇口を閉めて(食事を減らして)入れる水を減らしてしまうこと！
これでは60ℓの水は減りませんよね！
キュッ
変わらない

浴槽の水を減らしたいのなら
栓を抜くこと!
蛇口を閉めてもダメ!
出すこと
です!!
体に置き換えれば排出量が多いのは
おしっこ!!です
排出
食べるものを減らすから痩せるんじゃない
出せる体になれば痩せるんです!!
なるほろ~♥ 食べてもきちんと出せば痩せる!ってことですね♥
そりゃ理に適ってる
フモー
でしょ? ダイエットを難しくしている一番の原因はカン違いです
食べるのをやめても体重は減りません!!
お風呂の栓をスポッと抜けばいいのです
カ~ンタンでしょ?
なんだかホッとして生きてゆける気がしますぅ
ポロ
ポロ
食べてるから太るワケではないという根本を覆す理論に目からウロコですね

そう！シンプルにイメージしてください
つまり痩せられる人と痩せられない人の違いは
排出
ザブーン！
おしっこの量と質!!
なのです!!
痩せる！ということは入る量より出る量が多い！ということです
つまり食べる量を制限する前に
出せる体
になることが大切なのです
ダイエットというとお菓子をやめる！激しい運動をする！年だから出産したから痩せない！などと思いがちだけど
キッパリ
どれも間違いですっ
とにかく体重を落とそうと自分を押さえつけ締めつけ我慢に我慢を重ね それで体重が落ちたとしても
そんな生活を一生続けていくのですか？
それって幸せ？
そんなのイヤァ〜〜

そんな辛い「ダイエット」より
体のしくみを理解した上で
楽しく「体重コントロール」をする
楽しくない「ダイエット」は
もういらない
体も心も軽くして
幸せになるための
「体重コントロール」
ということですね♥
それには出せる体になること♥
それができるようになれば
体重の調整なんてカ～ンタン♥
ジャー
というワケですね♥
私なんて
実験のために去年
5kg落として
更に
10kg太ってみたり
したもん
太ってる人と
同じ目線で
サポートして
みたいと
思って♥
ひー
もう本当に
体重自由自在
コントローラー
ですねえ…
変態…
コツを覚えちゃえば
体重の増減なんて
簡単♥ということです
出す
＝
栓を抜く
＝
排出機能を
活発にする
それで一生
太らない体が
手に入るんですね
♥♥♥
ひー
おかーさん
うれじい～

まずは目標体重を決めよう!!

－2kg

目標体重を設定するのは大事です！何となく痩せたい…というよりもモチベーションが違います
ポチャ代表の友人L田さん！目標体重宣言をしてもらいますよ！
ハイ…本当は12kg痩せたいところですが 正直 1kg痩せる自信もない……です
顔はホッソリ
体はポッチャリL田さん‥
L田さんの場合ウエストをあと3㎝細くすればグラマー体型になれますよ
ボンキュッボン♥のセクシー体型の素質あるもんねー それでウエストが細くなったらモッテモテ♥だよ
モッテモテ♥っスかぁ？
こんなっ？こんなっ？
大昔 1日1食で理想体重まで痩せたけど
もうあんな辛いダイエットはイヤ～
結局戻ったし…
大丈夫！「美トイレ習慣」で体重を落としていけばリバウンドはしませんよ♥

かなつさんは最初の打ち合わせでは「3kg落としたい」と言っていましたが
気になっている下っ腹とお尻まわりが痩せればいいので
2kg減で充分理想体型になれますよ♥
ハイッ
痩せすぎは老けるのでマイナス2kgに設定しました♥
しゅたっ
そして15年前のジーンズを履くのだーっ♥
昔のわ・た・し♥
↑ロングソバージュ
…今の時点ではおケツまで上がらなくてジッパーが全く閉まりません…
OH! NO!
昔の細いジーンズが履きたい！ この服が着たい！ とかという目標はモチベーションが上がってとてもいいですね♥
最初の2kgを制すれば次のステップに行けます♥
「美トイレ習慣」で出せる体になれば
2週間で1.5～2kg痩せますよ♥
ひゃーっ
マジィーー!?
ヒューヒュー

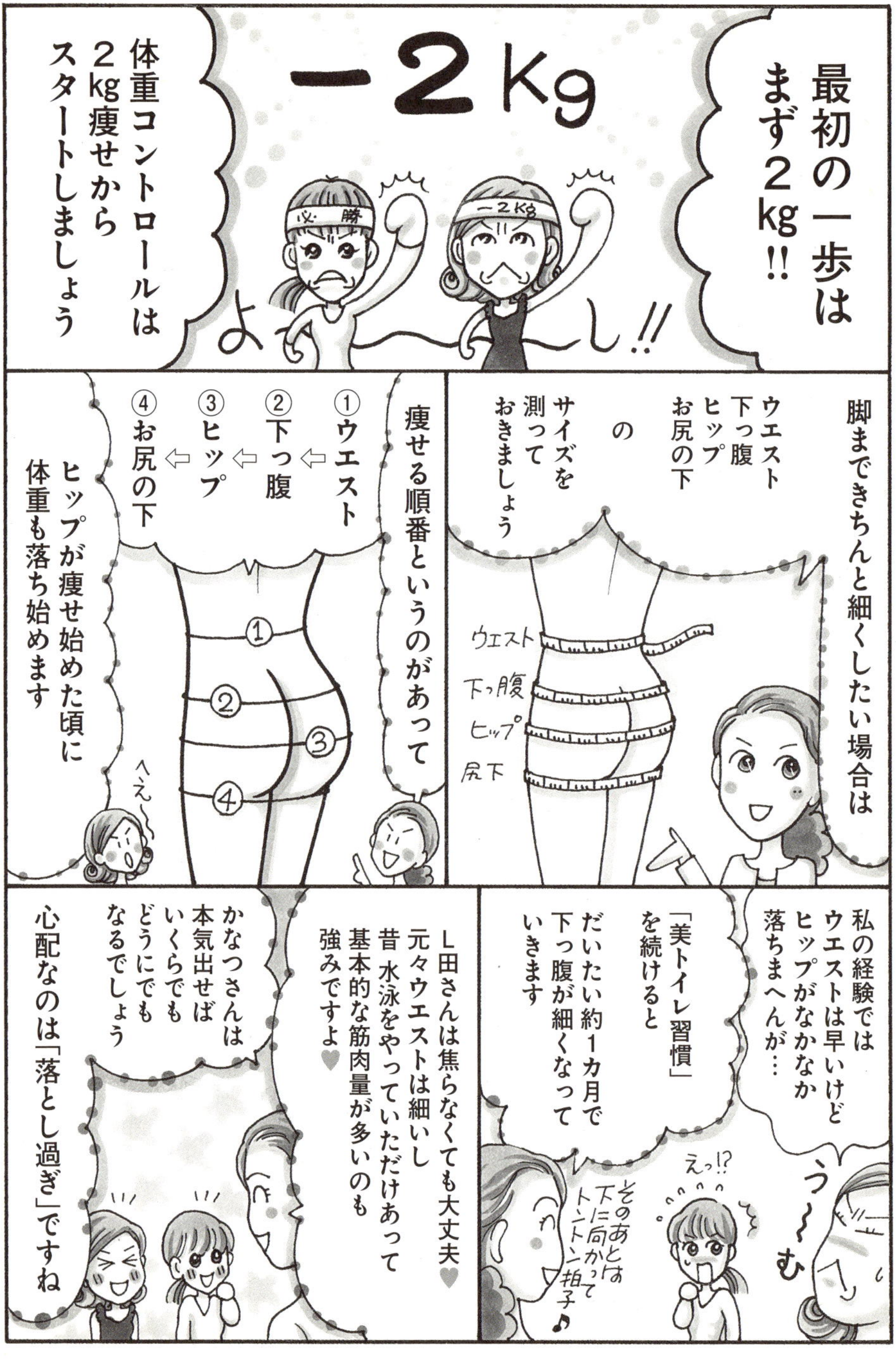

最初の一歩はまず２kg!!
ー２Kg
必勝
ー２Kg
体重コントロールは２kg痩せからスタートしましょう
よ〜し!!
脚まできちんと細くしたい場合は
ウエスト 下っ腹 ヒップ お尻の下 の サイズを 測って おきましょう
ウエスト
下っ腹
ヒップ
尻下
痩せる順番というのがあって
①ウエスト ⇦ ②下っ腹 ⇦ ③ヒップ ⇦ ④お尻の下
ヒップが痩せ始めた頃に体重も落ち始めます
へえ〜
私の経験ではウエストは早いけどヒップがなかなか落ちまへんが…
う〜む
「美トイレ習慣」を続けるとだいたい約1カ月で下っ腹が細くなっていきます
えっ!?
そのあとは下に向かってトントン拍子♪
L田さんは焦らなくても大丈夫♥ 元々ウエストは細いし 昔 水泳をやっていただけあって 基本的な筋肉量が多いのも強みですよ♥
かなつさんは本気出せばいくらでもどうにでもなるでしょう
心配なのは「落とし過ぎ」ですね

モチベーションを上げるために測っておこう!!
サイズの正しい測り方
ウエスト♥おヘソから指3本上
下っ腹♥おヘソから指3本下
ヒップ♥お尻の一番高いところ
尻の下♥ももの付け根
太もも♥ももの付け根から指3本下
（片足ずつ測る）
体重が変わる前にサイズは落ちるので測っておくとダイエットがとっても楽しくなりますよ
体重ばかり気にしないで大切なのは「体型」ですもんね♥
あっ2cm減ってる♥
体重はあとからついてくる♥
さてさてではどうしたら「栓を抜いて」「出せる体」になれるのか
いよいよ本題ですね♥
ドババババーーっ

蓮水カノンのダイエットQ&A

その1

Q 正直1kg痩せる自信もありません。そんな私でも痩せられますか？

A 最初のダイエット目標は2kg痩せたらOK! と“ざっくり”イメージしてみましょう。3kg痩せたい! けれど、かなり無理しなきゃいけない感じがする人や、10kg痩せたいけど2kgも自信ない…という人も多いんですが、そんな人もまずは2kgを目指すのがオススメ。なぜなら最初の2kgは、美トイレ習慣だけで自然と解消できる体重だから。食べたものや体内の脂肪をおしっこ&うんちでカラダの外に排出できるイメージなら、無理な感じはしませんよね。美トイレ習慣のみを、まずは“2週間だけ”試してみよう! と具体的な目標を持ちましょう。ダイエット成功の確率が高まりますよ。

第二章

まずは2週間
痩せやすいデトックス
BODYの基本を作ろう！

～お水の飲みかたを変えるだけ！
おしっこサイクルで痩せ力アップ～

痩せる人と痩せない人の違いは おしっこが出ているかどうか！

−2Kg

というワケで「おしっこサイクル」をマスターしましょう
おー―っ!! VIVA おしっこ サイクール♥
痩せない人ってのはめんどくさがって
なかなかトイレに行かない人です
ブヒー 立つのめんど〜い
トイレに行かなくてすむように水分ひかえよっと♪
痩せる人は水分を頻繁に摂っておしっこに行く人!!
つまり「出してる人」です
ぐるぐる
おしっこサイクル♥

一日のうちで一番多く体から「出せるもの」は
おしっこです
私は自分の体で実験を繰り返しましたが
朝から全く水分を摂らないとどうなると思いますか？
どうなったのっ⁉
朝から午後3時まで何も飲まず食わずで過ごしても
体重は全く減らずでした
ところが別の日に朝から午後3時まで何も食べず
水分だけ摂っておしっこを出していたら3kgも減ったのです
ひ～～3kgもぉ⁉
食べるものを控えても痩せないけど
おしっこが出ると
痩せるんですっ‼
痩せる人と痩せない人の違いは
「おしっこが出ているか」
だったのね～
ひぁ～～

痩せない人タイプ
痩せる人タイプ
トイレに行くのをめんどくさがる人
でーーん
立つのも動くのもめんどくさっ
よくトイレに行く人♥
出す
出す
出す
出す
出
トイレに行くのがめんどうだから水分を摂らない人
どーーん
なるべく飲まないようにしよっと
あたしってかしこ〜い♥
移動の多い日は「軽め」のペットボトルを持ち歩く人♥
脚が細い人は「重い」ペットボトルは持てないの〜〜
朝、おしっこが出ない人、少ない人
う〜〜ん
あれ〜〜?
ちびっ
おしっこの質がよくて量が多い人
汚
汚
毒素
毒出し

さあ！みんなも
「おしっこサイクル」でいらないモノを
ガンガン捨てられる体質になって
「痩せ力」をUPして
体重もガンガン落とそう♥

大切なのは、飲むより出す！「おしっこサイクル」をマスターしよう

何度も言いますが大切なのは「出すこと」!!
ポイントは水分を摂るタイミングです！
わぁ～
まってましたぁ
まず夜寝る前に水かお湯 白湯などを1～2杯飲みます
かなっは お湯か うすい お茶か
しょうが湯のときも
ほっこり
朝起きて体重を測ります
すぐにトイレに行きおしっこがジャ――っ!!と勢いよく出ているかを確かめます

おしっこをしたら
また体重を測ります
お!
出たぁ〜〜
すごい減ってる♥
このおしっこの前と後の
体重差があなたの
「痩せ力」です
そのあと
フルーツジュースや
温かいお茶などを
コップ1〜2杯飲みます
すると1時間半
程度でトイレに
行きたくなります
トイレに行ったら
ゴクゴク
また1〜2杯飲みます
一気飲みじゃなくてOK
ゆっくり飲んでね♥

トイレ⬇水分
という順番が大事です!!
よく1日に2ℓのお水を飲みましょう♪
といった提案がありますが
大切なのは
飲むこと
以上に
出す⇩飲む
を意識すること
なるほろ〜
このサイクルで
生活していると
1日だいたい
6〜9回
トイレに行きます
すると約2ℓ
体の中の
水分を
入れ換える
ことに
なります
あんなふうに
なれるの?
レモン持ってるよ……?
体の中スッキリ♥
常に
フレッシュ♥
ピチピチ♥
カノンさ〜ん
私は夜2杯も飲むと
必ずトイレに起きてしまうので
1杯にしているのですが
年寄りか…
ムッ
昼間も
おしっこのたびに
1杯飲んだだけで
20分おきに
トイレに行きたく
なるんですう〜
もういっそのこと
トイレで仕事
した方が
ええんちゃう!?
と思ってる
くらいですよ
〜〜〜
意外にいいかも♥
カキカキ
……

それは「頻尿ちゃんタイプ」ですね〜
私って頻尿タイプだったのかぁ〜
知らんかった〜
そういう人は寝る前の水分を減らして
朝起きてからの「おしっこサイクル」に集中してください
夜は少なめ
あと 頻尿ちゃんはミネラル不足なので寝る前の水に
天然のお塩をひとつまみ入れるといいですよ
1杯につきひとつまみ
「ヌチマース」「奄美の塩」「雪塩」などがオススメです
ただし高血圧の人はお塩はNGです
生野菜 くだものを多めに食べて
ミネラル補給に
「おしっこサイクル」の飲みものに
100%ジュースを取り入れ
朝一番はフルーツジュース 寝る前にも
コップ半分のフルーツジュースを摂ってください
100% フルーツジュース
この基本の痩せ体質を作る「おしっこサイクル」をマスターすれば
「スリムな私♥」が見えてくるぞ♥

痩せたいパーツ別 オススメ飲みもの

−2Kg

水分を摂って おしっこを出す といっても
何を飲めば より 効果的なんだろう…
脂肪をガンガン 排出して いきたいなら
効果的な飲みもの がありますよ♥
ぐびっ
そりゃもー アータ
ガンガン 出したい〜
に決まってる♥
早く おしえてけろぉ〜♥
しかも 上半身痩せ 下半身痩せと
パーツ別に 痩せられます♥
チョイスして くださいね♥
キャー♥
私下半身っ♥
わたし全体っ♥
ふもー

上半身太りにはコレ

♥温かい黄色いお茶がオススメ♪

♥ジャスミンティーやハーブティなど
温かい方が脂肪を分解して
排出しやすくしてくれます。

下半身太りにはコレ

♥温かい黒いお茶がオススメ♪

♥ブラックコーヒー、黒ウーロン茶、黒豆茶などは
体の油を落としてくれます。

×逆に控えてほしいのは「紅茶」と「緑茶」。
タンニンが多いので渋みが多く胃が荒れやすいです。
そのため大量飲みには向きません。また貧血の
原因になるので女性がたくさん飲むのはオススメ
できません。

体を激しく動かす人には

♥お茶だと利尿作用が高いので
水分が出すぎる場合アリ。

なので**普通の「水」がオススメ♪**
です♥

体重計を使って「痩せ力」をチェックしてみよう!

1回のおしっこの量を測るとあなたの「痩せ力」がわかります
痩せ力っ!!
2回。
とにもかくにも「体重計には2回乗れっ!!」ですよ!!
2回もぉ～? 体重計に乗るのって怖くて…
やだなぁ～～～
そうでしょ? でもね私は乗るのが楽しくてしょうがないの♥
フフン
だってトイレの前と後に測ると出たおしっこの分確実に体重が減ってるんだも～ん♥
「おしっこサイクル」のページでお話したようにおしっこビフォーアフターを測りましょう
ヒャッホウ
減ってるう♥
まずは朝おしっこする前に測ってメモっておしっこした後にもう一度測ってメモります
MEMO

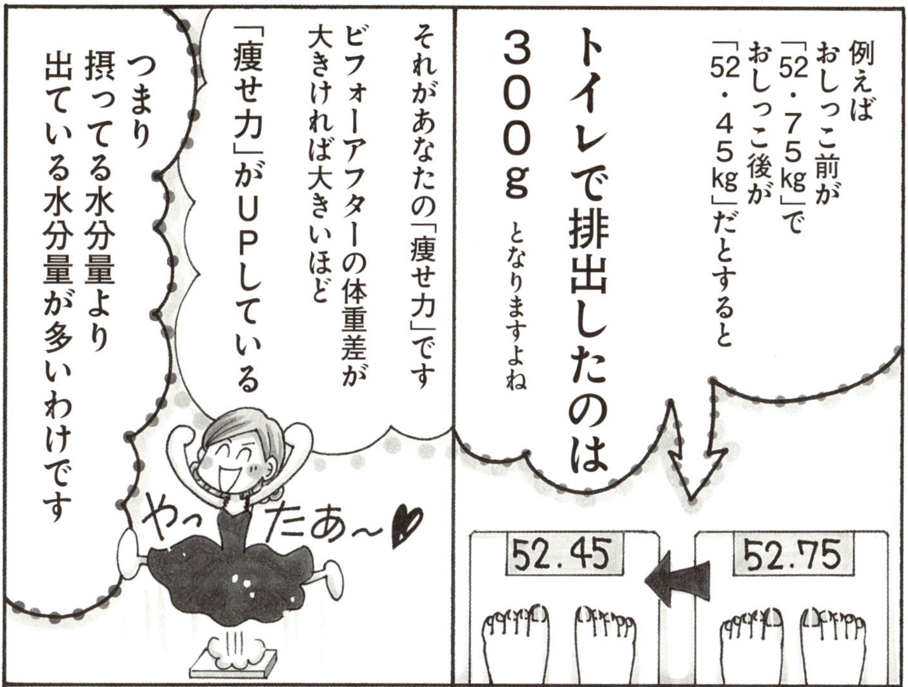
例えば
おしっこ前が
「52・75kg」で
おしっこ後が
「52・45kg」だとすると
トイレで排出したのは
300g
となりますよね
52.75
52.45
それがあなたの「痩せ力」です
ビフォーアフターの体重差が
大きければ大きいほど
「痩せ力」がUPしている
つまり
摂ってる水分量より
出ている水分量が多いわけです
やったあ～

チェックしよう♥自分の「痩せ力」

トイレ前後の体重差	おしっこの量	体の状態
0g	少ない	デトックス できていない！
50～290g	少ない	水しか出てない頻尿タイプか 生理前など痩せない時期
300～390g	まあまあ出た	健康的だけど、痩せるには 少し足りない排出量
400g以上	勢いよく たくさん出た♥	排出モードにある状態 しっかり老廃物も出せている

※水分は毎回コップ1杯（200cc）を目安にしています。

説明しますと おしっこしたのに体重差が「0g〜200g」というのは体が痩せない状態の時ですな
「0」というのは肝心の老廃物が出ていないので「重さが出ない」ということで大変よろしくない
痩せにくい人はこういうことが起こります
「おしっこサイクル」をしっかりと続ければやがて改善されます
出したのにっどゆコトっ!?
おしっこの重さ「300g台」は
おしっこが勢いよく出る500gを体験すると
「300g台しか出てない〜」という感覚になります
なるなる〜 私600gとか出てるんで♪
そんなに…?
かなつさんはよく出てますね〜
おしっこ量600g以上は滅多にいませんよ
相当出た時でも400〜500gです
700g出てる時もある……
データ
200ccの水分飲んで500g以上の体重が減るってスゴイ…
「痩せる体質」になると1回のおしっこの重さが「痩せモード」を教えてくれるんですね〜♥
いいなぁ…♥
オホホホ

おさらい

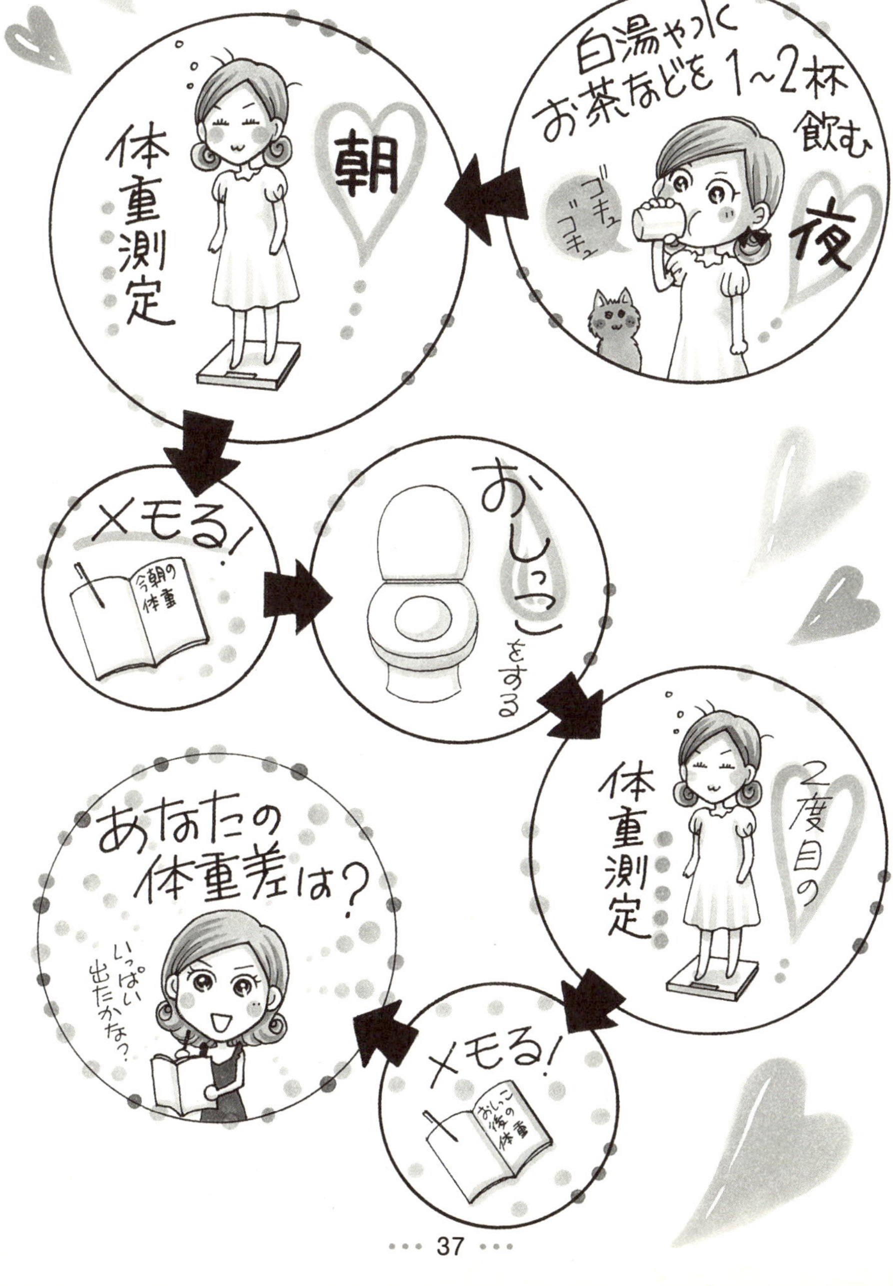

白湯や水
お茶などを1~2杯
飲む
夜
ゴキュゴキュ
朝
体重測定
メモる!
今朝の体重
おしっこをする
2度目の
体重測定
メモる!
おしっこの後の体重
あなたの
体重差は?
いっぱい出たかなっ?

「痩せモード」を120%活かすには!?

−2kg

あ〜♪ 頭を使う仕事の時は 脳が糖分を 欲しているから
おやつがすすむわぁ♥
まぐまぐ
パコパコ
パコパコ
DELL DELL
それ ダメェッ
間違ってるからっ!!
バムっ
ひぃぃ〜〜
DELL DELL
脳が欲しがってる 分量の糖分なんて 普通の食事で 充分足りてるからぁっ!
そんなの美容オタクの 常識ですよっっっ
あ〜〜ん
私は美容オタクじゃないしィ
コロコロドーナツ
没収っ!!
いいことを 教えましょう
体には 「痩せモード」 なるものが あるんですよ♥
ちーん
なにソレ 痩せそう♥

体が「痩せモード」に
なるのは
食後
30分から
4時間
です
ひゅううう
痩せモード
ふむふむ
メモ
体は消化と排泄を
同時にできません
だから
食間を最低2時間
頑張って4時間
あけてみてください
勢いよく
おしっこが出るように
なりますよ♥
それが
「痩せモード」
に入っている
証拠なん
ですねっ
そう！
おしっこの量も
増えるし
「痩せ力」も
UPしてきます
4時間
あけるぞー

だから間に
ちょこちょこと
おやつを
食べっぱなしは
ダメ！
つーことですね
コロコロドーナツ
ハイ
もうしません
4時間あけます
どぉーしても
間食がクセに
なっちゃってる人は
おやつをお茶やコーヒーに
替えてみてください
ダイエット中なのに
どぉ〜しても
おやつが食べたく
なっちゃった時は
こんなひと工夫を
してみてね
ケーキ類など
油多めのおやつ
（揚げもの、ステーキを食べた時も）
＋
HOT
ブラックコーヒー
ブラックコーヒーは
油汚れを流すイメージ
体に油が残りにくくなります
あとのページに
出てきますが
甘みが欲しい時には
イイ女は
フルーツ♥
にチェンジ
ビタミンなど
美肌成分も摂れちゃう
ガッチガチに
やるダイエットは
ストレスになるけど
逃げ道のある
安心感♥
って大きいですよね
安心
食べてもいいんだ
ホッ
食べすぎんなや…

おやつ食べてもいい
ダイエットって素敵♥
気がラクになった〜
でも
2日連続して
おやつは食べない
方がいいですよ
あと
4時間あけても
痩せない人は
お昼をドカ食いして
「お腹いっぱいサイン」を
無視している人
消化に時間が
かかりすぎていて
排泄になかなか
体が行き着かない
プゥ
満腹♥
そんな人は早く
「おしっこサイクル」に
体が転換できるように
ごはんを一口
残すようにすると
いいですよ♥
いくら
カノン式裏ワザの
数々をやってても
「ドカ食い」
してちゃ
イカンですね……
元も子もない……
「もうお腹いっぱい」サインを
感じたら ごちそうさま★
ですね
無理に全部
食べ切った時の
達成感は
ダイエット中は
お休みですね
食間を
4時間
あけて
おやつには
ブラックコーヒー
なるべく甘みは
フルーツで摂る♥
そう難しいことじゃないでしょ?

蓮水カノンのダイエットQ&A

その2

Q ウンチが出ない!? どうすればいいですか？

A 美トイレ習慣を始めてウンチが出るようになった！ という人も、まだ出ないという人も、美ウンチ5つの条件をチェックしてみましょう。

＊その１ きちんと水分が摂れているか

＊その２ 生の繊維を食べているか

＊その３ お腹の運動がきちんとできているか

＊その４ 心にストレスがないか

＊その５ うんちを意識できているか

この条件をすべて整えれば、ふわふわの臭くないうんちがするっと出るようになりますよ。

ぜひチェックしてみてください。

第三章

下っ腹ぽっこりも美トイレで解消

～毒消し最強食材の大根でうんち力アップ！～

痩せたい人は うんち力をUPさせよう!

8年前
下っ腹に悩んでた
カノンさん…
ああ…なにこのお腹
いつのまにか
こんなに脂肪が……
でーーん
ある日あまりにお腹の調子が
悪すぎて病院に運ばれました
う〜う〜ん
痛いわ…
苦しいわ…
誰か助けて…
そして
生理でも盲腸でもなく
処方されたのは整腸剤…
次の日うんちが
出るわ出るわで
大盛り3回!!
どかーん
生まれたー!
そしたらなんと
一気に2kg体重減!!
あらっ!?
下っ腹ぺったんこ
…???
あれれ? 脂肪で太ってると
思ってたのに…
体が軽い!
これ全部
うんちだったのぉっ!?

うひ〜〜
太ってると思い込んでる人でも意外にうんちだったりするんだぁ……
やだ…
いやあ
脂肪だと思ってたのにうんちやガスという人も多いんですよ♥
やはり体は出さないと痩せない!!ということです
おしっこに並んで出す！と言えばうんち
おしっこが「飲まないと出ない」のと一緒でうんちも「食べないと出ない」
だから「食べないダイエット」はNG★
つーことですよね
ワタシも食べものを減らすとテキメンに便秘になりますもん
でもそれは食べ方のちょっとしたコツを押さえればOK♥
そのコツはあとで♥
大切なのはうんちの「質」
便秘だったり毎日出てるけど下痢だったり
オナラが臭かったりっていうのは
うんちの質が低い証拠
ときどきコロコロのうさぎうんちが出るよ…
これはダメ×
臭くないふわふわのうんちが
スルッ♥と出るのが目標です
理想のうんちは量は200g前後で色は黄金色臭いもないバナナのような便

ため込んでるうんちの量体感チェック☆

ー2Kg

うーん 最近ダラけて下っ腹がぽっこり出ているかなつです
私も…
ぽっこり
かなつさんは「下っ腹ぽっこりタイプ」ですからねぇ
和菓子好きでしょ?
ニヤリ
何でわかるんですかッ!?
塩豆大福大好き～
体型を見れば嗜好品や食生活すべてがわかってしまうんです 私!
キラリーン
長年かけてデータを取ってますからぁ♥
それでは「うんちの量体感チェック」をして己を知りましょう!!
うひー! たまってるうんちの量なんて知りたくなぁ～い
骨盤の骨は下っ腹の前面にはないので
大量にうんちが大腸にたまると
前に押し出されて下っ腹ぽっこりになっちゃうんです

それでは下っ腹がどれだけ出ているか 体感的にうんち量をチェックしてみましょう
まず下っ腹を両手の平で包み込みます
手の平に丸みができるか確認してみてください
丸みなんてできるに決まってます
丸みができない人なんているのでしょうか
丸っ
丸っ
うんちがたまってない人は真っ平でえぐれてたりしますよ
その丸みの容積はいつも出ているうんちの何回分になりますか？
イメージで結構です
う～ん 2回分？？
3回分かなぁ？
そのうんちをきちんと出すことが下っ腹ぽっこり解消の第一歩です
「痩せるイメージ」を持ってやると効果が早く出ますよ♥

うんち力をUPさせる最強食材は「出る出る大根」

そんなうんちクン…
出したいのは
ヤマヤマなのですが
思うように出てくんないのが
うんちクンでありますッ
私はお腹マッサージで
ムリヤリひり出して
おりますものッ
出ろぉ〜
ぐっ
ぐっ
ぐっ
大丈夫♥
スルッと出る
食材があります
長年かけて
いろいろな
食材を
試してみましたが
繊維と酵素が最強のバランスで
共存しているもの…
それは…
生大根♥
という結論に
達しました
しかも
1cmがベスト!!
大量に食べ過ぎても
×ダメ!!
大根おろしにして
汁ごと食べるのがオススメ!!
おろし

生大根の
繊維と酵素が
うんちの質をアップさせて
体内にため込んでる
汚れを排出し
便秘を解消したり
大腸をキレイにして
体内の毒出しを
してくれます♥
大根1cm
だから
おしっこもうんちも
出やすくなるのです
「出る出る大根」って
呼んでます♥
お菓子をついつい
たくさん食べちゃった…
なんてェ時は
食べすぎだろ~
どぉしよう…
また太っちゃう…
生大根で
毒消しすれば
大丈夫♥
実はこの
どうしよう
お菓子をたくさん
食べちゃった…
…太っちゃう…
と不安になることが
一番の太る理由!!
大きなストレスになるからね
生大根で
毒消ししたから
大丈夫♥♥♥
という心の安心感も得られてグー♥
生大根であれば
「大根おろし」
「大根サラダ」
「大根スティック」
「大根の漬けもの」
何でもOK♥
火は通しちゃ
ダメよん
ただし
1cm!!を
守ってください
食べすぎは
消化不良になったり
お腹ぽっこりに
なったりしますからね

減らしたい体重別「出る出る大根」量

ところで大根1cm1cmって…1日1cmってコト…？？？
もちろん「落としたい体重」によって「大根を食べる回数」は違ってきます
あなたの減らしたい目標体重は何kgですか？
私は2kg！
私は5kg！
ホントは3kg
ホントは12kg

減らしたい体重別 大根の量!!

3kg以内	……1日1cmを1回
5〜6kg	……1日1cmを2回
7kg以上	……1日1cmを3回

減量目標3kg 以内の人は
ため込んでるうんち量を考えても
1日1cmで充分排出していけます
5～6kg 減らしたい人は
ため込んでる量も多いので
1日2回はバランスのよい
食事&大根1cmを
必ず食べましょう
私ね♥
こっちは私ね♥
7kg 以上減らしたい人は
ザ★食べすぎの人が多いので
1日3食にして
毎食大根1cmを
食べましょう
1日5食はもう卒業
「おしっこサイクル」をして
4時間食間をあければ
体重は簡単に落ちます
生大根を食べてため込まない
内臓機能を作りましょう
最初は出なくても
体重が落ちなくても
徐々に「出る体質」に
変わっていくから
安心してね♥
私も最初は
出なかったし
「イベント太り」や
「食べなさすぎ便秘」や
「停滞期」も付きものだしねー
うんうん
これを機会に私は
一生「出る出る大根」を
続けますぞ♥
健康維持のためにも
うんちの質を
よくするためにも
大根は1日1cm
ずっと食べて
おくとよいですよ
私もぉ
うんちやおしっこの
臭いがなくなるのも
乙女として嬉しい
です♥
「下っ腹ぽっこり」にリバウンド
することもありません♥

出る出る大根 簡単レシピ

毎食のことだから
簡単じゃないとね

大根スティック

← 切っただけ♡（皮は剥かない）

辛みそ（カプサイシン）や
八丁みそを付けて♡

切るだけ♡
だから続く
よね♡

大根浅漬け

いちょうに切った大根に天然塩をひとつまみ
まぶして 軽くもんでおく
かつおぶし．じゃこなどを．まぶす

簡単だけど
おいしーの♡

大根のりサラダ

いちょう大根にレタス，きゅうり，トマトなどを
混ぜて 韓国のりを ちらして 風味をプラス
ノンオイルドレッシングを さらっと まぶす

第四章

美しく痩せられる食事 3大ルール！

お酒が大好き♥な方へ 太らないお酒の飲み方

−2Kg

わたくしL田 毎日毎日欠かさず
ビールを飲み続けてまぁ～す♥
ビールなくちゃ死んじゃう～
BAD Girl
ムッチ～～～♥
ビバ★ビア～～♥
ビール大好きィ♥
…とコレ 1カ月前の私です…
ビールで太る人はひざ上やお尻の下にたまるので脚痩せしたいならやめた方が無難ですね
毎日はのみすぎよォ…
でもだからって全く禁酒!!ではこれまたストレスになってしまいますので
酒のみたぁ～い
酒～酒～…
お酒は飲んでもOK♥です
ただし太らないお酒に替えてみましょう!
ふっ太らない酒～～っ!?
ひ～～～♥
そんなのあるのォ!?

ちなみにワインは上半身や二の腕のたるみになりやすいので控えた方がいいですね
NG
これ以上二の腕たるみたくないっス…
だョーーン
ブルーーン
太らないオススメ酒は
日本酒　焼酎
梅酒♥♥♥
え〜そんなにいいのォ!?
それは嬉しい♥
私のサロンに通ってらっしゃる方で週1のビールを日本酒に替えむしろ飲み会を月10回に増やしたにもかかわらず
6kg痩せたという例もあります
CHANGE★
それはスゴイ!!
ビールがどうしてもやめられなくて1日4本を1本にしただけで
2週間で太もも3cm減という方もいます
ビール
ワイン
日本酒
焼酎
梅酒
ビールは卒業!!
ストレスは敵!!
この3種にチェンジすればストレスなく安心してお酒を楽しめますねー♥

お尻太りの原因は油!!

油の摂りすぎがダイエットの敵なのは有名ですが
摂ってる油の量の自覚の違いってコワイな～っと思った今日この頃です
例えば先日カノンさんに
L田さんは油の摂りすぎですぞ!! 油を使わない調理法をしなされ！
こんなアドバイスをされたL田さんの
ハイ……
次の台詞に私は驚愕しました
でも… 炒める以外の調理法なんてありましたっけ？
あるでしょう!!
茹でたり蒸したり
あ――★ 茹でる！ 蒸す！
なるほろぉー
炒める！揚げる！しか知らんかったよ
w
PON
L田さんの例ですが更に自覚となりにくいのが
ドレッシング
ドバドバドバ
油
油
油
サラダだも～ん♥ヘルシィ♥なんて安心してるとヒドイことになりまっせ！

ううう…
その上油たっぷりパスタも食べてますね
こうゆうタイプの人は週3日は油料理をやっちゃってますね
お尻の大きい人に多い食事です
データ
L田さんタイプは油はもうやめ!!
マヨネーズもさよなら!
しかもこういうタイプは油抜きしただけじゃ痩せませんっ!!
ええ〜〜〜!?
じゃどーすればっ
をを〜ん
やはり
出さねば!!
「美トイレ習慣」で今まで摂ってきた油をとにかく流して出すこと!!
油
油
油
油
油
油
カノンさんのサロンには
ドーナツ生活を5年前にやめたのに全く痩せないんですぅ……
という方も来ます
痩せない理由は「出してないから」
油を多く摂ってきちゃった人は
油をやめつつ
きちんと「美トイレ習慣」で
「これまで摂ってきた油」を流して「出す!」
油
油
油
油
油
やはり出さないと痩せないし美尻にもなれないのですね!
もう油やめる〜〜

「食べる順番」で痩せる!!

−2Kg

ダイエットというものは辛くては続かないものちゃんと食べたい♥そんな人には「食べる順番ダイエット」をオススメします
食べる順番に気をつけるだけならストレスもなく楽チンでいいですね♥
食べられる幸せ
同じメニューでも食べる順番の違いで満足感は減らさず量は減らせるのです

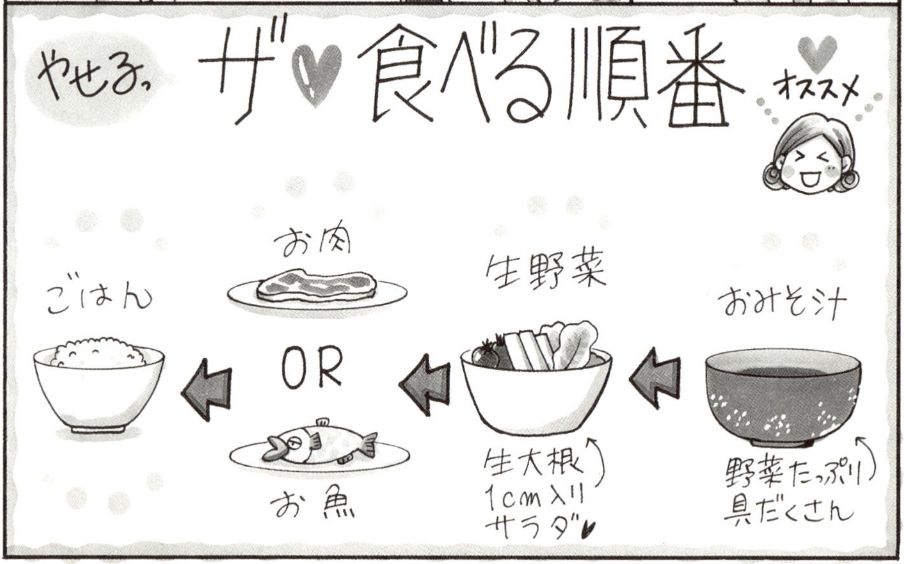

やせるっ
ザ♥食べる順番
オススメ
おみそ汁
野菜たっぷり具だくさん
生野菜
生大根1cm入りサラダ♥
お肉
OR
お魚
ごはん

まず最初に「おみそ汁」がいい理由は
お腹がふくれるのに「たまらない」からです
つまりウエストが太くならない♥
食べものが入ってきましたよ〜〜♥というサインが伝わって
体が満足し始めるのです♥
毎日欠かさず食べて
まぁ〜お
脳
満足
次に生野菜で酵素を体に摂り入れて
次のお肉orお魚を消化するための下準備を整えます
出る出る大根も忘れずにネ
1cm
サラダ
うまくできてる♥
そして適度なお肉orお魚をきちんと食べて
バストをぷっくりさせちゃおう♥
シンプルな網焼きなどがオススメ
ヒュッホー
ホホホ♥
こんなかしら？
メリハリボディ
…誰？
ここまで来てごはんを食べようとするとビックリするほどお腹いっぱいで
食べられなくなっています
はれ？
？
いつも大盛り食べてたのに…？
なので最後は小さな小さな子ども用のごはん茶碗でちびっと食べましょう
充分満足感は得られるハズ♥
普通の大きさ
ちびっ
ごはんは必ずごはん茶碗でね！
ごはん大好きでごはんから食べるのは
ウエストが太くなる食べ方です
3日くらい続けると慣れちゃうので
がんばろう♥
ゲップ
ポコー

かなつ&L田の中間報告♥
～かなつの場合～

ジャーン
中間報告
まず2週間
やってみました～
私が実践したのは
「おしっこサイクル」
と
あたたかいお茶を飲む!
トイレに行ったら
ち～…
「出る出る大根」
生大根1cmを
1日2回食す!
スライスしてかつおぶしなどやポン酢をかけるだけ
私のように一人暮らしの人は半分サイズを買った方が新鮮で酵素も豊富でいいっスよ
古くなった大根は、たくあんみたいになっちゃう…
私は「頻尿ちゃん」タイプらしく
「おしっこサイクル」の
夜1杯のお茶を
飲んで寝ると
夜中に必ず
トイレに起きて
しまいます
日中の
「おしっこサイクル」も
トイレに行くたびに
お茶を飲むと
20分おきくらいにトイレに行きたくなり
もうトイレに住むしかない!!と思ったほど
ムクっ
ってほどで
人一倍毒素が
出たためか
もぉ出すぎィ～

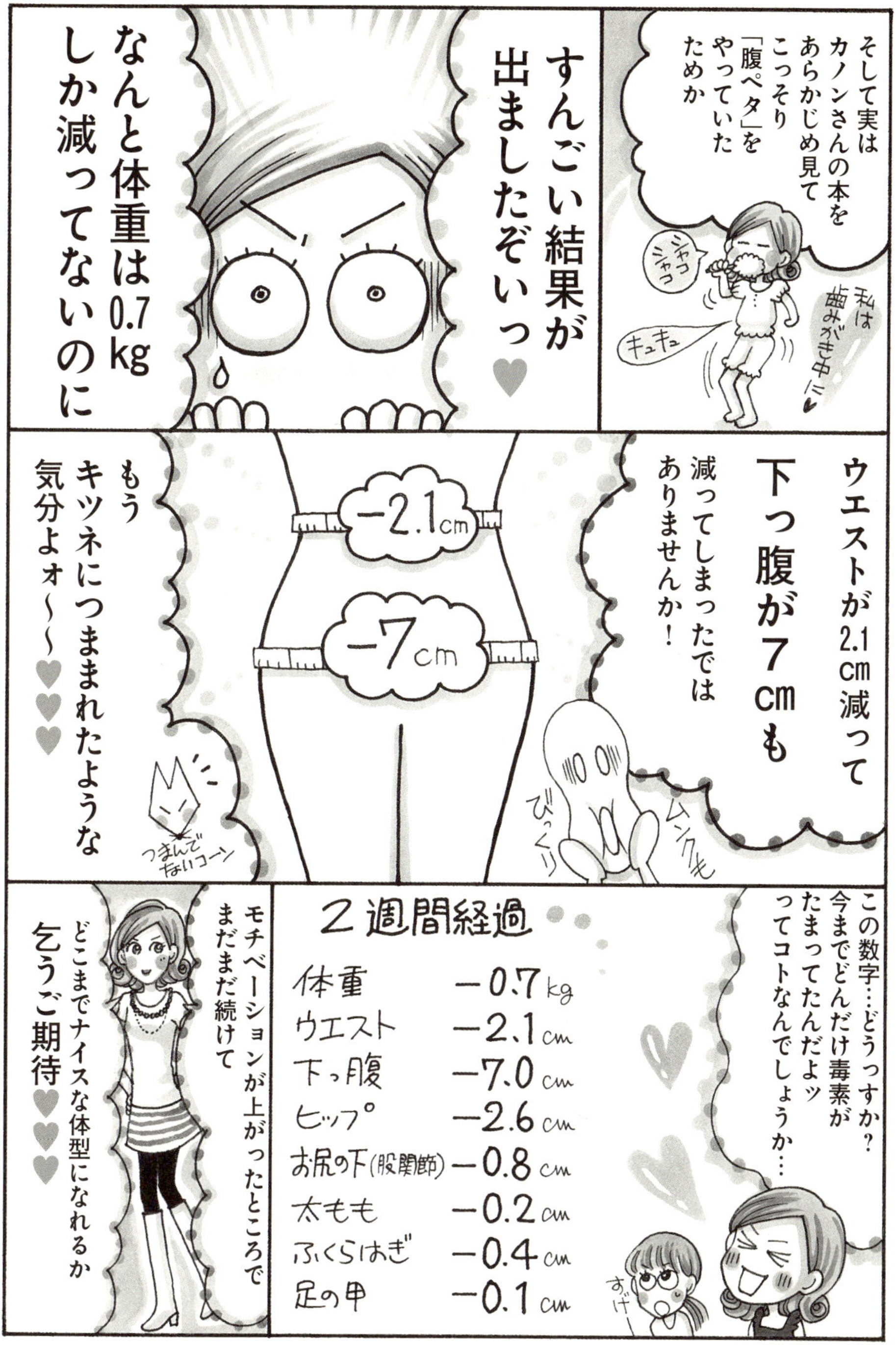
そして実は
カノンさんの本を
あらかじめ見て
こっそり
「腹ペタ」を
やっていた
ためか
シャコシャコ
キュキュ
私は歯みがき中に
すんごい結果が
出ましたぞいっ
♥
なんと体重は0.7kg
しか減ってないのに
ウエストが2.1cm減って
下っ腹が7cmも
減ってしまったでは
ありませんか！
びっくり
ムンクも
−2.1cm
−7cm
もう
キツネにつままれたような
気分よォ〜〜
♥♥♥
つまんでないコーン
この数字…どうっすか？
今までどんだけ毒素が
たまってたんだよッ
ってコトなんでしょうか…
すげー
2週間経過
体重 −0.7kg
ウエスト −2.1cm
下っ腹 −7.0cm
ヒップ −2.6cm
お尻の下(股関節) −0.8cm
太もも −0.2cm
ふくらはぎ −0.4cm
足の甲 −0.1cm
モチベーションが上がったところで
まだまだ続けて
どこまでナイスな体型になれるか
乞うご期待
♥♥♥

かなつ&L田の中間報告♥

〜L田の場合〜

こんにちは L田です
私の場合 かなつさんと違って 元の生活があまりに ひどかったので 今回 リセットするよい機会でした
今までは毎日欠かさずビール♥
仕事中はお菓子三昧!
週末はパスタをドカ食い!
サラダには油たっぷりドレッシングだばだばっ
ボリボリ
パコパコ
平日は食べる量を減らして一応気をつけていたけど
もし気をつけなかったら80kg台に余裕でなれますっ
その不摂生がこの腕にっ!この腹にっ!
ああっもう このお肉が 肉いっ…
いや憎いっっっっ!!
そんな私の今のところの成績は
ガーン
体重が地味〜〜に0.1kg増えてるやん〜
ギャー
ごめんなさ〜い
2週間経過
体重 +0.1kg
ウエスト −0.3cm
下っ腹 −4.7cm
ヒップ −0.1cm
お尻の下(股関節) −1.6cm
太もも −0.4cm
ふくらはぎ +0.4cm
足の甲 −0.1cm

大丈夫ですよ♪ L田さん
カノン先生♥
下っ腹が4.7cmも減ってるではありませんか 体重より体型です 大丈夫！ 体重はちゃんとあとからついてくるのです
ほんとに〜？
L田さんはおしっこサイクルもとってもよくできてましたよ♪ お尻の下が1.6cm減なら体重も近いうちに必ず落ちます！
生大根
1cm 1日2回
しかも下っ腹4.7cm減はすごいことですよ！
それにL田さんは生理前だったので体重が落ちにくい時期だったのね 生理前3日間はうんちもおしっこも出にくい「低調期」
データ
マジでぇ
心配しなくてもこれからどんどん痩せていきますよ♥
L田さんにはセクシーダイナマイト体型目指してもらってます
スラっとね♪
かなつさんは胸を残したスッキリモデル体型を目指しましょう
女らしいライン♥
2人とも思ったよりとっても早く痩せてて順調ですよ♥
あまーい!! てめL田！ ナニ0.1kg太ってんだよッ
ああ あまりプレッシャーを与えては…
どごーん
あう〜がんばりますぅ〜

やってます!

かなつ久美のデトックス生活

その1

出る出る YOSAでデトックス

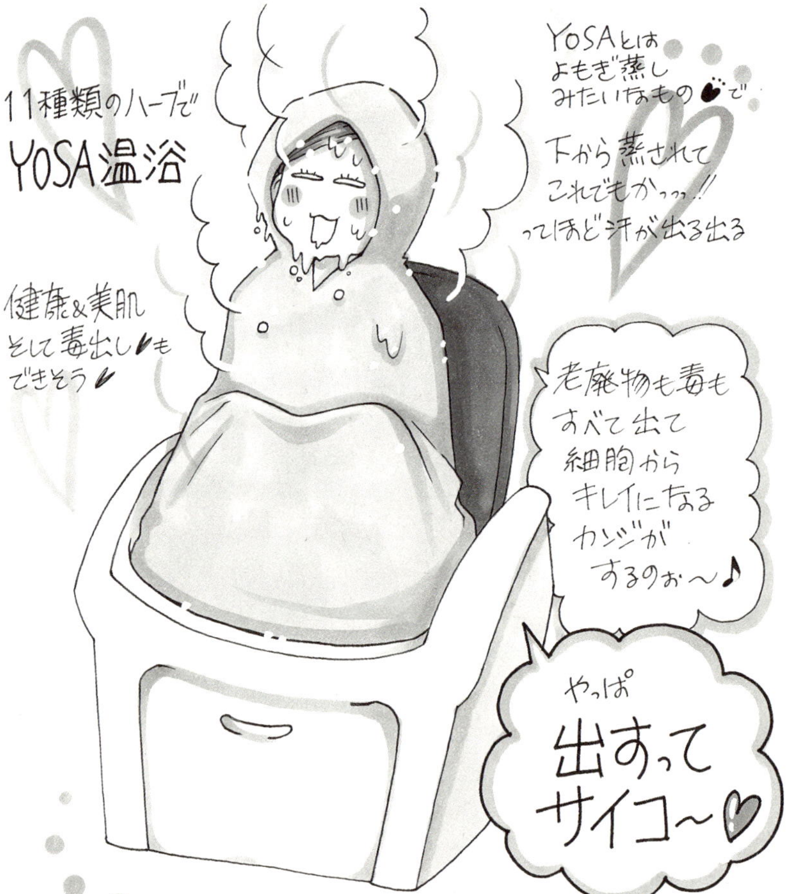
11種類のハーブで
YOSA温浴
健康&美肌
そして毒出しも
できそう
YOSAとは
よもぎ蒸し
みたいなもので
下から蒸されて
これでもかっっっ!!
ってほど汗が出る出る
老廃物も毒も
すべて出て
細胞から
キレイになる
カンジが
するのぉ〜♪
やっぱ
出すって
サイコ〜

私は北品川のエステサロン「ボヌール・ボンヌ」に通ってます

第五章

体が痩せモードに突入したら、お腹の運動不足を解消しよう！

～タイプ別　おすすめ腹ペタ運動～

お腹の運動不足を解消すると更に痩せ力がUPする

さてさて「おしっこサイクル」「出る出る大根」で
おしっこ力うんち力はUPしましたか？
おしっこ力うんち力がUPして
お腹の中が「痩せモード」になったら
その時がチャンス♥
「痩せモード」の状態でお腹の運動をすると
更におしっこ&うんちが出やすい体になって
「痩せモードが加速」するんですっ!!
マジですかぁ〜

だからこのあとのちょっとした簡単な「7秒の腹ペタ運動」が効果的になってきます
「美トイレ習慣」＋「腹ペタ」で
効果的に効率よくスリムになれますよ♥
7秒ならずっと続けられますぅ
「美トイレ習慣」でキレイになった体に更に磨きをかけるつーことですねっ♥
これから紹介する3種類の「腹ペタ」は悩み別となっています
ご自分の悩みに合わせた「腹ペタ」をチョイスして
お腹ぺったんこを目指しましょうね♥
やるやるぅ♥

膨らませてヘコませるだけ♥ たるみ幅チェック!

−2Kg

「腹ペタ」運動に
入る前に
自分のお腹の
「たるみ幅」を
知っておきましょう
たるみ幅って…?
すっかりしっかり
たるんでますが…
これを測るの?
それ
測ってもなぁ…
ムギュ
そうじゃなくて!
「ぽっこりMAX」
「ぺったんこMAX」
を測って
体質や生活習慣
筋力バランスなどを知り
自分のお腹ぽっこりレベルを
つかんでおきましょう
ってことです!
まずは「ぽっこりMAX」!!
お腹を思いっきりふくらませて
ぐうううううっっ
ウエストをメジャーで測ります!!
次に「ぺったんこMAX」!!
お腹をこれでもかぁぁ!!っとキューっと細くします
きゅううううううっ
ウエストをメジャーで測ります!!

はあはあ
ヘコますことに命かけた～～
無理しないように
ハァハァ
意外にヘコまない……
「ぽっこりMAX」から「ぺったんこMAX」の値を引いた数値があなたの「たるみ幅」です！
さっそく測ってメモってね
cm − cm = cm
メジャーで測る時ウエストの正しい位置は軽く曲げたひじの位置です
またはおへその指3本上を測りましょう
正確に測るには正面を向いて
NG
お腹を真っすぐにしてのぞき込まないようにね
のぞき込むと2～3cm太くなるぞ～
たるみ幅何cmでしたか？
1.8cmでした
2.7cmでした
どうすか？私たち
たるみ幅は小さければいいってわけでもないのですね
理想は筋力 食事量がほどよい4cmです！
そこを目指しましょう♥

たるみ幅	体の特徴
1～3cm	上半身の筋力が弱く 痩せているのに下半身は太め
4～6cm	そこまで太ってないし 運動も得意だけど 下っ腹が出やすい
7～9cm	筋力や体力はあるけれど 上半身やお腹に脂肪たっぷり
10cm以上	いつでもお腹いっぱい食べないと気がすまない人 多し

やってみよう！
寝たまま♪ 床腹ペタ
〜腰痛さんにオススメ〜

−2Kg

うんちがスルッと大量に出たあとは「ぽっこりMAX」が全くできなくなってビックリしますね★
うんちを出すためには食べものの質をよくすることと
ある程度の筋力が必要です！
なのでこれからやる「腹ペタ」が重要となってきます
うんしょ と
確かに…
効率よく筋力を付けて うんちがスルッと出る体を作りましょう♥
うんち出すぞ〜
まずは腰痛持ちで筋力がなく下っ腹ぽっこりでうんちが出にくい人には「床腹ペタ」をオススメします
ちなみにかなつさんはこのタイプ
これ腰が伸びて腰痛の人にはキモチイイですよ♥
1 ひざを立てて仰向けに寝ます
2 下っ腹をヘコませて背中を床にぺったりつけます
キュッ とね

③下っ腹と背中を維持しながらひざをゆっくり伸ばします
朝やると、ナイスですョ♥
④つま先 後頭部を伸ばして腹ペタシルエットに！
腹ペタシルエット♥
⑤腹ペタシルエットのままで７秒間鼻から息を吐きながらお腹を引き締めます
７秒引き締めMAX!!
⑥腹ペタシルエットのままリラックスします
リラ〜ックス♥

やってみよう！
マッサージ腹ペタ
〜バストアップもできちゃう〜

マッサージ腹ペタは
お腹のたるみが
気になる人
バストが
下がっている人
お腹の
ふくらませて
へこませる
感覚が
うまく
できない人
などに
向いています
私だ…
バスト下がってます
やるぞ〜
1まずかかと
親指の付け根を
付けます
ピタっ
2ひざを曲げて
両ひざを付けます
ピタっ

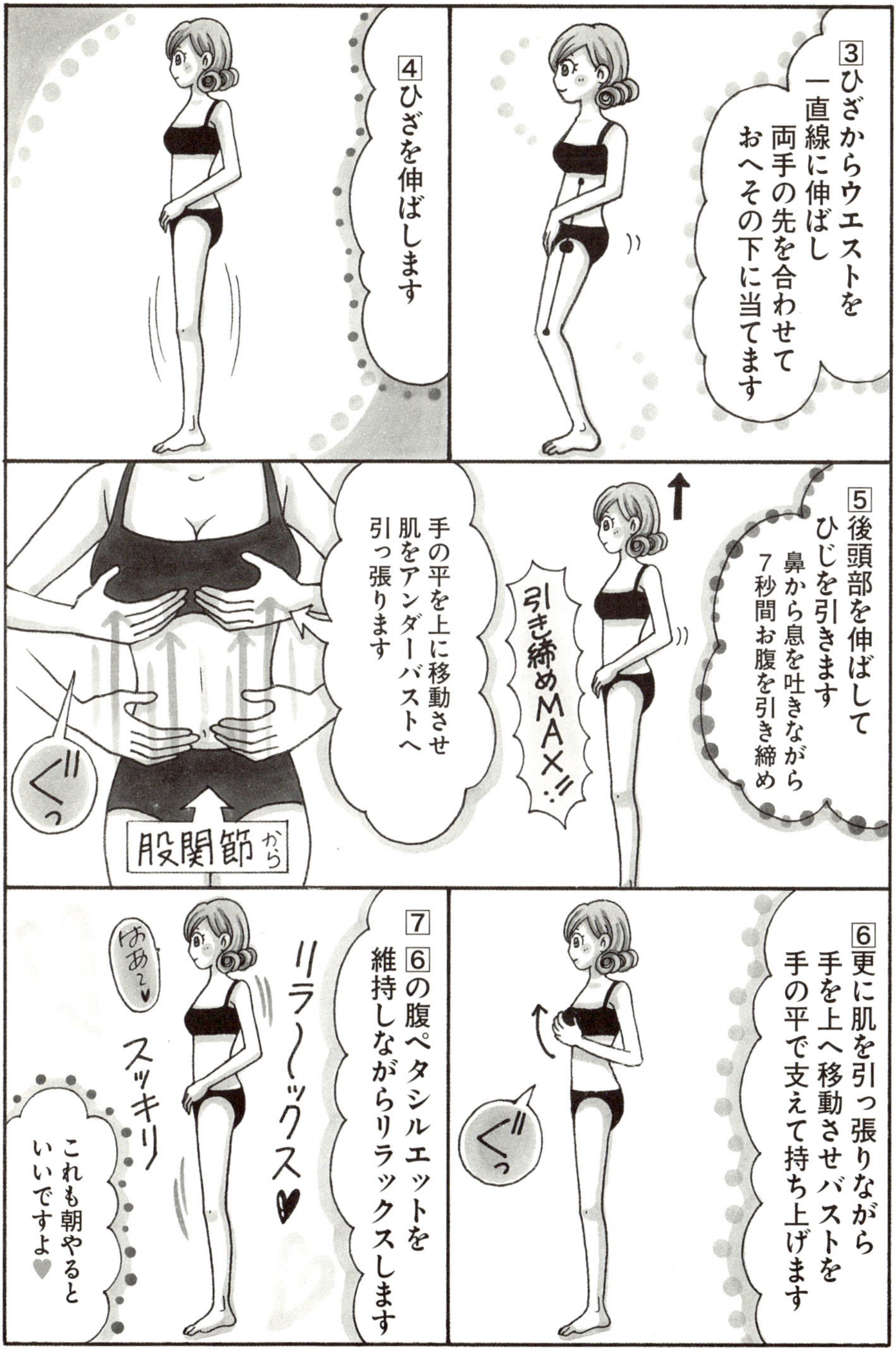
3ひざからウエストを
一直線に伸ばし
両手の先を合わせて
おへその下に当てます
4ひざを伸ばします
5後頭部を伸ばして
ひじを引きます
鼻から息を吐きながら
7秒間お腹を引き締め
引き締めMAX!!
手の平を上に移動させ
肌をアンダーバストへ
引っ張ります
ぐっ
股関節から
6更に肌を引っ張りながら
手を上へ移動させバストを
手の平で支えて持ち上げます
ぐっ
76の腹ペタシルエットを
維持しながらリラックスします
リラ〜ックス♥
はあ〜♥
スッキリ
これも朝やると
いいですよ♥

やってみよう！ ひざ立ち腹ペタ

〜下半身がどんどん痩せる〜

−2Kg

次は お尻が大きい むくむ だるい 脚が太い 胴が長い 下半身太り の方に 向いています
L田さんが このタイプ ですね
はあ〜〜
そうなんですぅ…
1 まず正座をします
ちょ〜ん
2 そのままつま先を立てます

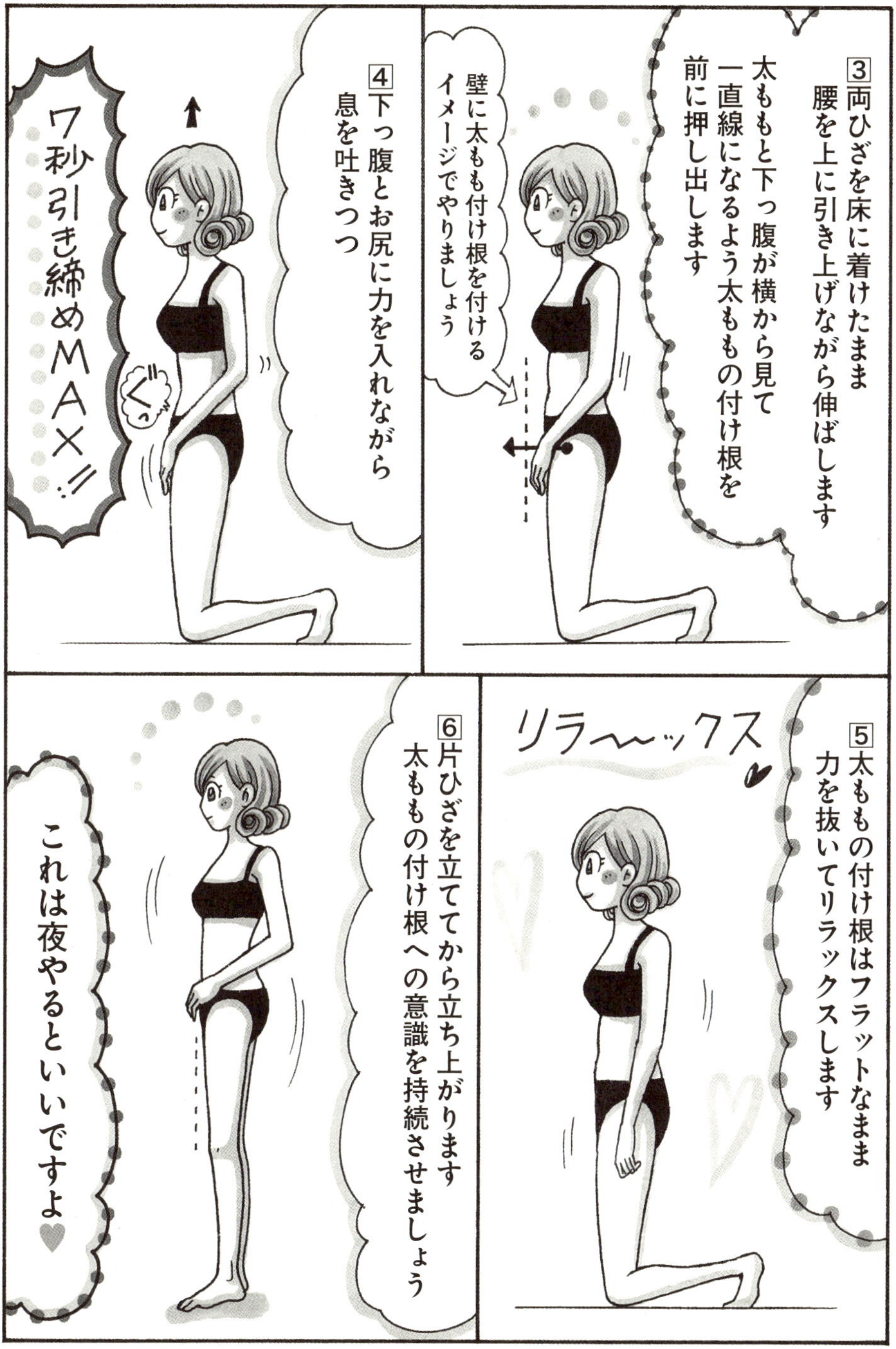
3両ひざを床に着けたまま
腰を上に引き上げながら伸ばします
太ももと下っ腹が横から見て
一直線になるよう太ももの付け根を
前に押し出します
壁に太もも付け根を付ける
イメージでやりましょう
4下っ腹とお尻に力を入れながら
息を吐きつつ
7秒引き締めMAX!!
ぐっ
5太ももの付け根はフラットなまま
力を抜いてリラックスします
リラ〜ックス
6片ひざを立ててから立ち上がります
太ももの付け根への意識を持続させましょう
これは夜やるといいですよ♥

美トイレ＋腹ペタ生活24時

～かなつの場合～

それではここで
ワタクシ かなつが
どのように
「美トイレ習慣＋腹ペタ生活」をしているか
リアルに中継いたします
マネしてくださってけっこうよ♥
まずはまっとうな社会人より
だいぶ遅い朝
ベッドの中で
「床腹ペタ」をします
ぐぐっ
とね
そのまま
体重計へ直行
体重測定します
パジャマのまま
そして
放尿
ジョーーっ
と、勢いよく出るのがよいおしっこ♥よ
再度
体重測定！
よーし♥ 今日もたっぷり出たわー
そして
ノートにつける
美トイレノート
そのあと
あたたかい
お湯又は
お茶又は
黒豆茶又は
しょうが湯
などを
1杯飲む
ほっこり…
「かなつさんは、せっかちなのでゆっくりと座ってお飲みなさい…」と、カノンさんにアドバイスされました……
なんでせっかちってバレたんだろ…

そしてまっとうな社会人よりだいぶ遅い朝食（昼食？）は
10年前から続けているバランスを考えた野菜中心食
お肉の脂だけで炒めた具だくさんみ酢野菜
野菜たっぷりおみそ汁
有機玄米&雑穀
これに生大根1cmを加え!!
切っただけ♪
かつおぶし おりゴマ しらす ゆかり などをトッピング
味付けはゆずぽん酢 レモン汁+塩など
食べる順番をちょっと変えたら
玄米の食べる量が自然〜にかなり減りました♥
1cm
みそ汁
生大根
おかず
玄米
そしておしっこをするたびにあたたかいお茶を一杯飲み
私の場合 飲む⇩すぐ出る ので大変
そしてあとのページに出てきますが「なでるだけ必殺技」をお風呂上がりに毎日して
なでる
なでる
なでる
なでる
寝る前にお湯などを1杯
そしてベッドの中で「床腹ペタ」をして
ぐっ
24時間終了!
こんな生活をしていましたら自然と無理せず我慢せずお腹ポッコリがペタンコになってゆきましたあなたも騙されたと思ってやってみてねん♥
ぺったん

美トイレ＋腹ペタ生活24時

～L田の場合～

L田M子38歳 働く子持ち主婦なのでそれは忙しい毎日で痩せる思いです
なのに痩せないのは何故かって？
それは… 毎日欠かさず飲むビア～
うま～
そして週末ダンナが作ってくれる
大盛りパスタ！
そしてサラダにはオイルドレッシングたっぷり
仕事中はお土産のお菓子がたくさんまわってくるぅ～
おみやげの山
それを180度！いや120度くらい生活を変えました！
まずビア～はやめて梅酒ロックや芋焼酎お湯割りに！
やめてみたら別にビア～も飲まなくても全然平気！
パスタは煮物やサラダに！オイルドレッシングはポン酢やナンプラーに!!
こーゆう人多いと思う
油摂取が激減
梅酒、焼酎、日本酒は太らない
そして出る出る大根1cmを
おろし＋しょう油や焼き魚に添えたりサラダにして
1日2食
1cm
大根おろし
大根サラダ
ヘルシーごはんにダンナも惚れ直したとか惚れ直さないとかっ!!

「おしっこサイクル」は
会社勤めのため仕事中に
尿意!
トイレに行くたび
帰りに給茶機に寄り
デスク
WC
給茶機
ぐるぐる
ぐび
デスクに戻る
というのを毎日繰り返しています
働く主婦は効率的DE無駄のない動き
そして私は「ひざ立ち腹ペタ」タイプなので省スペースでできるため
部屋の隅っこで夜寝る前にちんまりとやっています!
ねえ、かあたん… 何やってるの? それ、いつ終わる…?
???
朝はもちろん体重測りーのおしっこしーのまた体重測りーの!
うん いっぱい出てる♥
お尻もなでます
小さくなあれ♥
小尻になあれ♥
なでなで
そしたら約1カ月後
体重…ー1.9kg
ウエスト…ー1.3cm
下っ腹…ー6.2cm
をを! ついにすごい効果が出てきましたねぇ
すごい! マイナス1.9kgに
うう… ありがとうございますぅ…
やったね かあたん
神は…いや カノンは嘘つきません ちゃんとやれば結果は出る出る大根… というワケです
ちーん

やってます!

かなつ久美のデトックス生活

その2

出る出る♥ デトックスティー

Beauty Candle tea　(株)美意識

ゴールデンキャンドル、生姜、ハト麦
チャーガ、ローズマリー、ローズヒップなどが
ブレンドされているハーブティー
濃くいれると私は下痢っちゃうので
薄くして、飲んでます♥
1日 が出ない時は多めに飲みます

黒豆茶

スーパーなどに売ってる普通の黒豆を
10粒くらい(15～20g)お好みでカップに入れて
レンジで1.30～2分ほどチン★して
お湯を入れて待つこと5分
飲み終わったら黒豆も食べよう♥
イソフラボン&アントシアニン
大豆サポニン、ビタミンE、レシチンが豊富で
メタボ予防にもなり女性に嬉しい効果がいっぱい♥

レンジ内で豆が割れてパチパチと、はじけるけど大丈夫よん♥

第六章

もっと！ 体重を落としたい人のためのなでるだけ必殺技

たるみ防止！
背中なでエクササイズ

よくエステティシャンの友人達が言っています
「体は粘土細工のようにマッサージで自由自在に整えられる」と
気になる箇所をキュッと正しい位置に戻す
これを毎日繰り返すと
まさに体型は粘土細工のように整っていきます
それは私も実証済み♪
キュッキュッ
例えば太ってない人にも見受けられる
このブラジャーからのハミ肉
コレ
コレ
いやですよねえ…
そんなブヨブヨは
「膀胱に流し込むイメージ」で
なでて脂肪をほぐし
「おしっこサイクル」で体の外へ排出しちゃいましょう
イメージも大事♥
脳を味方につけて毒素も出す!!
イメージ
背中は脇 ブラジャー・アンダー部から太ります！ 背中の脂肪がつかめる人は必須ですぞ！
背中がたるみ
バストがたるみ
下っ腹
脇腹
ウエスト
がたるむ
これは阻止せねばなりませぬぞ!!
つーかもうなってるし…

まずは左手で右ひじを押します
腕のストレッチ＆背中上部に
手を届かせるためです
押す
ぐっ
手の平で肩胛骨部分の
背中を左右になでます
背中上部をなでた右手で
肩から腕の外側を
ひじまでなでます
左右ともやります
右腕を背中にまわし
手の甲を背中のなるべく
高い位置に置き
そのままウエストまで
上から下へ３回ほどなでます
膀胱に流し込んで脂肪を捨てる
イメージで♥必ず左右ともやりましょう
ペッ
ペッ
排出
これをやったあとにブラジャーを
いつもより高く装着します
キュッ
上体を傾けて
すべてのお肉を
ブラジャーの中へ!
ヒジを引いて完了!!

なでるだけお尻ブラジャーでヒップアップ

−2Kg

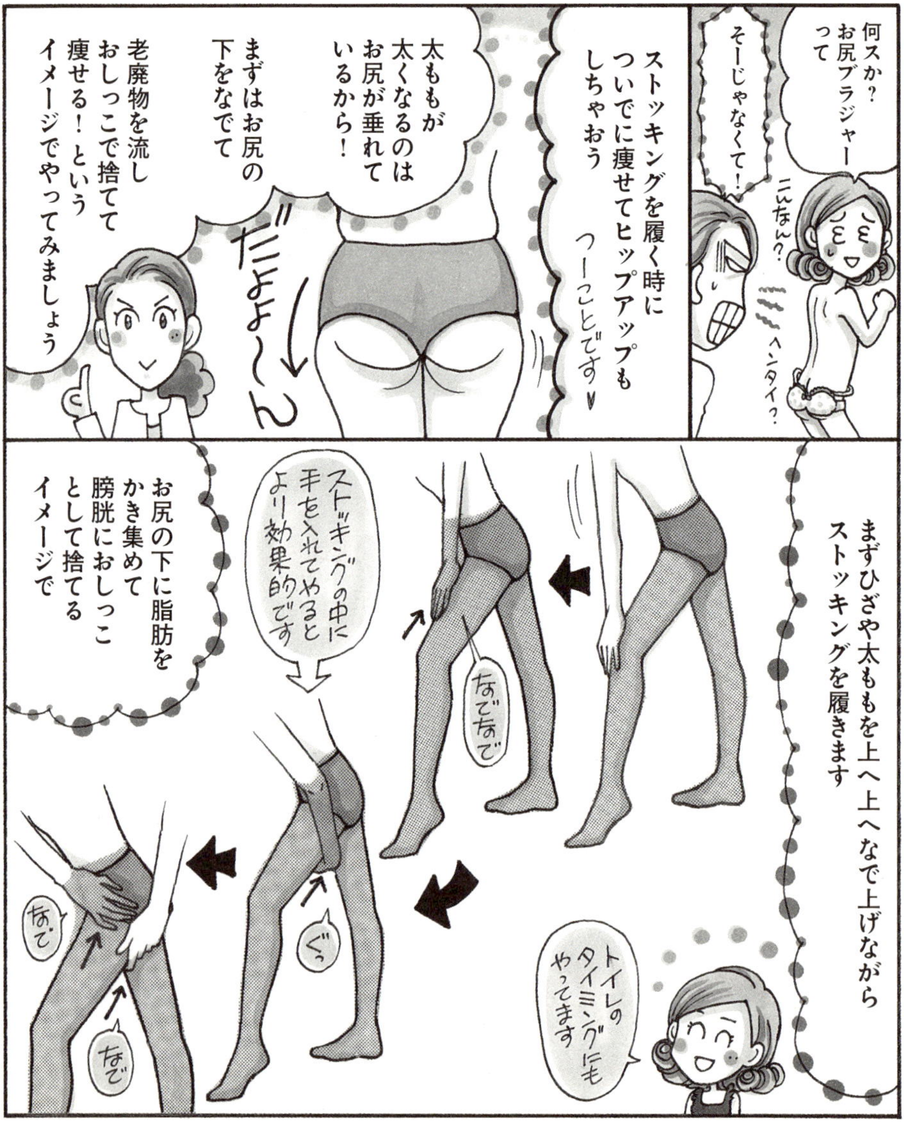
何スか？
お尻ブラジャー
って
こんなん？
そーじゃなくて！
ヘンタイっ？
ストッキングを履く時に
ついでに痩せてヒップアップも
しちゃおう
つーことです♥
太ももが
太くなるのは
お尻が垂れて
いるから！
だよ～ん
まずはお尻の
下をなでて
老廃物を流し
おしっこで捨てて
痩せる！という
イメージでやってみましょう
まずひざや太ももを上へ上へなで上げながら
ストッキングを履きます
なでなで
ストッキングの中に
手を入れてやると
より効果的です
お尻の下に脂肪を
かき集めて
膀胱におしっこ
として捨てる
イメージで
ぐっ
なで
なで
トイレの
タイミングにも
やってます

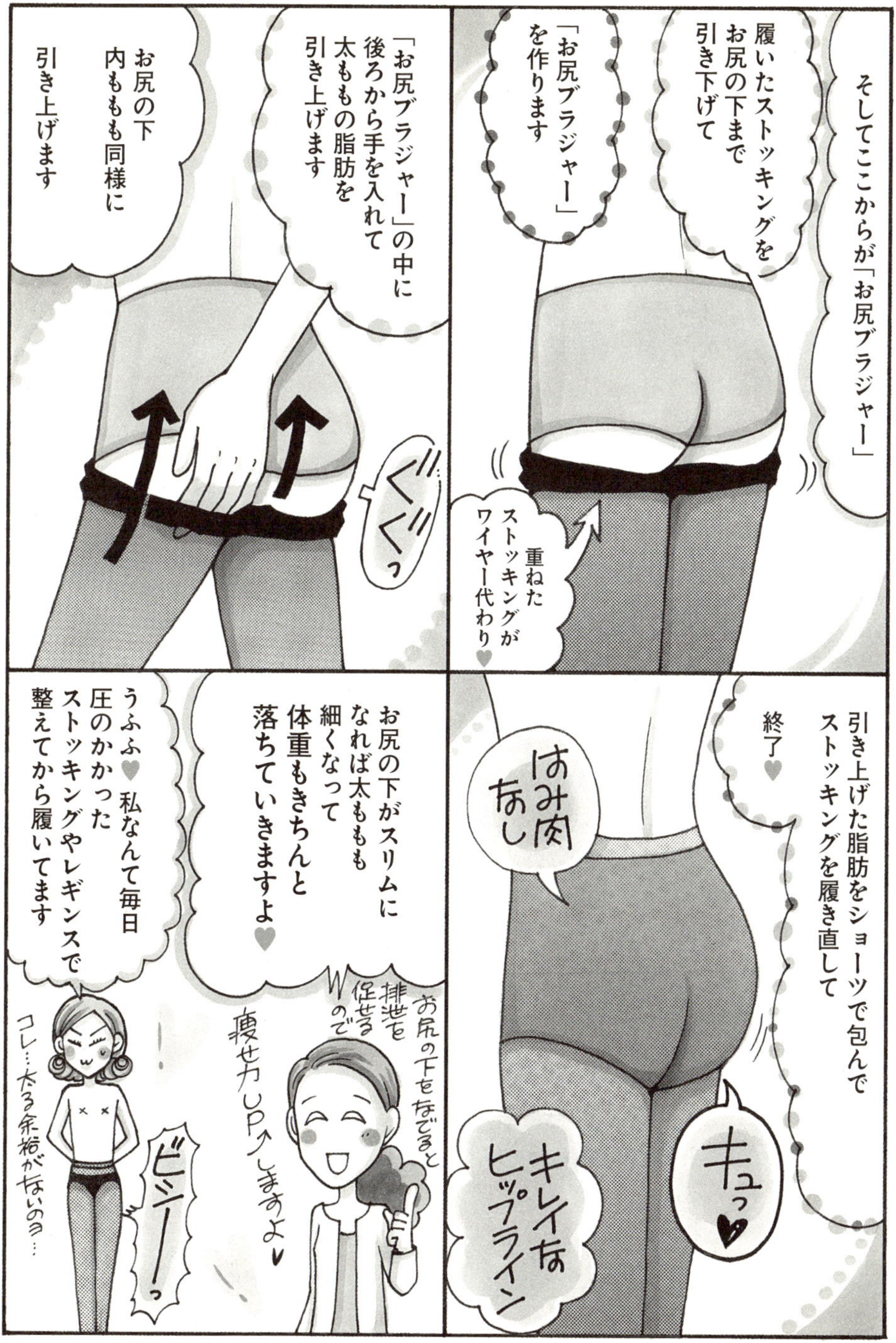
そしてここからが「お尻ブラジャー」
履いたストッキングをお尻の下まで引き下げて
「お尻ブラジャー」を作ります
重ねたストッキングがワイヤー代わり♥
「お尻ブラジャー」の中に後ろから手を入れて太ももの脂肪を引き上げます
お尻の下内ももも同様に引き上げます
ぐぐっ
引き上げた脂肪をショーツで包んでストッキングを履き直して
終了♥
はみ肉なし
キュッ♥
キレイなヒップライン
お尻の下がスリムになれば太ももも細くなって体重もきちんと落ちていきますよ♥
うふふ♥私なんて毎日圧のかかったストッキングやレギンスで整えてから履いてます
お尻の下をなでると排泄を促せるので
痩せ力UP↑しますよ
ビシーっ
コレ…太る余裕がないのヨ…

ふくらはぎが細くなると体重は増えない!

−2Kg

「ふくらはぎ痩せ」は重要です！
体重を減らしたいのなら
ふくらはぎを細くしましょう！
ふくらはぎが太くなるのは重たい体重を支えるためです
重
重
重
この重い体を俺たちが支えないと〜
ぬを——！
体重を落としても太いふくらはぎを放置しておくと支えられる限度まで体重が増えてしまいます
細いふくらはぎは一定の体重以上は支えられないので
太れなくなります
俺、細いからこれ以上の重さは支えられないもん♥
俺もぉ♥きゃしゃだから無理ィ〜〜♥
うおー♥ふくらはぎさえ細くしとけば「あたし太れないのォ〜♥」ってな憧れの台詞を言えるんスかぁ!?
マジィ!?
そう♥だから「ふくらはぎ痩せ」は重要なんです

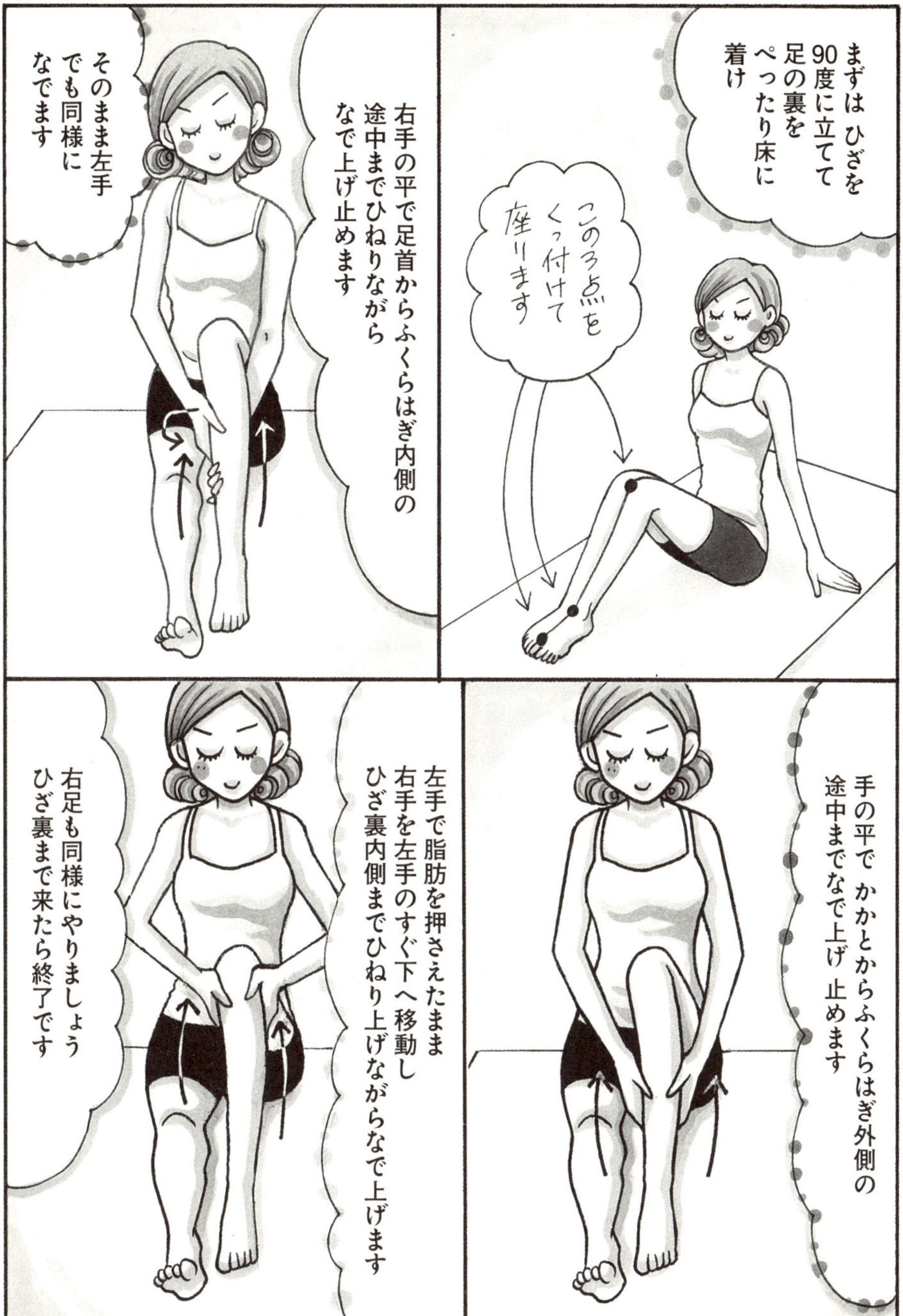
まずは ひざを90度に立てて足の裏をぺったり床に着け
この3点をくっ付けて座ります
右手の平で足首からふくらはぎ内側の途中までひねりながらなで上げ止めます
そのまま左手でも同様になでます
手の平で かかとからふくらはぎ外側の途中までなで上げ 止めます
左手で脂肪を押さえたまま右手を左手のすぐ下へ移動しひざ裏内側までひねり上げながらなで上げます
右足も同様にやりましょうひざ裏まで来たら終了です

蓮水カノンのダイエットQ＆A

その3

Q 痩せるときって どんなふうに脂肪が減っていくの？

A 美トイレ習慣を続けると、排泄力が高まって体の中から体型を整えられます。早い人なら3日から2週間程度で、ウエスト→下っ腹とお腹まわりが細くなり、太ももの付け根が細くなると同時に体重も減りはじめます。ただ、太ももや二の腕は体重が落ちても痩せにくいパーツ。外側から脂肪を痩せる方向になでると、セルライト、むくみ脂肪もきれいに痩せていきますよ。脇や背中の脂肪もなでてバストアップ！ しちゃいましょう。詳しい痩せるなで方は『夜寝る前！ なでるだけ☆ダイエット』でも紹介しているので、気になる方はぜひ読んでみてください。

第七章

ダイエットで
リバウンドしないコツ
あります！

ダメごはんは 2日以上続けない!

−2Kg

ヘルシーごはんを10年間続けている私ですが たまには おつき合いのパーティとかで ダメごはんをモリモリ食べてしまったりします
いつもは 有機野菜中心 有機玄米＋雑穀米
キレイになる食材ばかり
もーこんなダメごはんを食べちゃった日にゃ体が汚くなったような気分になって
次の日は野菜スープで調整したり もぉ大変です
ピザ
パフェ
ポテチ
ラーメン
ドーナツ
揚げ物
汚
そんなに気にしなくても大丈夫なのになあ〜
ストレスになるしィ〜
でもぉ〜…
そーですよォ 野菜スープで調整するだけエライですよォ
私なんて毎日ダメごはんだったんだからぁ
もうっ一緒にしないでっ
あんまり気にしてストレスにするよりも次のことだけ守ってください
腸はこのようにコの字になっています
8時間
12時間
5時間
18時間
24〜72時間
健康なうんちを作れる人で最大3日分の食事をためています 3日分のうち1日までならダメごはんは大腸内の33％残りの70％弱はよい状態なのでスルッと排出できます

これが半分を超えると一気にうんちの質は落ちます
つまりダメごはんは2日以上続けない!!
これを守れば大丈夫です♥
わーい 1日だけならそんなに気にしなくていいんだ~♥
腸の問題だけじゃなくダメごはんって続けちゃうとクセになって自分の中ではやっちゃうしね~
あれは
確かにジャンクフードって麻薬性があるよね…
陰謀でしょうか…
気をつけよう……
こんなダメごはんに気をつけよう
OKごはんはこんな感じ
大盛りパスタのみとか!
具が少なく野菜なし
主婦に多い♪
料理しながら菓子パンをモグモグ
10時と3時のおやつ
と勝手に決めている
ムグムグ
太ってる人に多い
やっぱりあっさり和食
どんな食材でも同じものを続けて食べるとバランスが崩れるので
毎日違うものを食べよう!
お肉でも今日は豚なら明日は牛とか
ちなみに生理開始から3日目~14日目までは「痩せやすい高調期」
排卵日から2週間は「痩せにくい低調期」
この「低調期」にダメごはんを摂ってはダメ★
うんちもおしっこも排出しにくい「低調期」にダメごはんを食べたり忙しくて体にストレスをかけると排出しやすいハズの高調期にも出にくくなるので食べものは大事ですよっ!!
えーっ!? それは避けたい
気をつけなきゃ……

ショーツは大きめサイズで!

みなさんはどんなショーツを履いてますか?
うふん♥
私はハンパな形のショーツを履いてて カノン先生に「こんなのなら履かない方がいい」と言われました……
ブヨ〜ン
ノーパンかあ……
下着をナメてもらっては困りますっ!!
お腹ぽっこりの原因は筋力バランスの崩れだけじゃあないんですよっ!!
お腹ぽっこりの浮き輪脂肪を作り出すのは
サイズが間違っているショーツ!!
日本人のほとんどは市販のLサイズがピッタリ★
ところがMサイズを履いてる人が多くてビックリします
L
M
女のプライドなのでしょうか…
私は今まで3500人以上の方の体を診てきましたが
Mサイズのショーツがピッタリ!という人はわずか3人!
身長が150cm未満の方だけです!
全体に小さいからね
え〜〜〜!? そぉなのぉ!?

普段履いているショーツが下っ腹に当たって浮き輪を作っていると思い当たる人は
いつもより1サイズ上のショーツを買いましょう
デカパンッ
理想的なのはお腹をすっぽり包むデカパンです！
ゴムがキツイのはNGですよ！
すっぽり
しかし普段履きにはいいですが……
40代モテ部部長なので…
ちょっと色気に欠けるのでデートの時などは
かなつのオススメ♥♥♥
男に見られても色っぽい♥しかも引き締め効果バツグンでむくまない！ということで仕事中も
一日中一年中履いている着圧ストッキング（orレギンス）＋Tバック♥
太る余地なし。
Tバック
ギュー
スラー
圧がすごいので座りきりの漫画家もスッキリむくまない♥
つまり太くならない♥
私はコレを履いていないと不安になってしまいます
ダイエット上級者にはTバックもアリですね♥

脳内デトックスで頭の中のうんちも出そう♥

−2Kg

う〜ん 昨日はなんやかんやと細かいくだらないコトを考えちゃってベッドに入ってから3時間も眠れなかった……
ゲソッ
ダメですよッ 体のデトックスも大事ですが
頭の中のうんちもスッキリ出さないと!!
エ——ッ!? 頭の中にもうんちがぁっ!?
やだぁっ
オーマイガッ
便秘のしすぎで頭にも便がまわっちゃうってコト〜!?
考えごとをして眠れないような人は頭の中にうんちがたまっている状態
そういう時は頭に置いておかないで
紙に書き出してみましょう♥
ホッ
なんだ そういう意味か…
体が太りやすいという状態はおしっこやうんちが出ていないということもあるけど体に使うべき排出力が頭にまわってしまっている
ということなのです
だったら体に専念できるようにした方がいいでしょ?
考えすぎも肥満の原因になるのねえ……
なるほろ…
こちらに専念したい

頭の中でグルグルしてる「気になること」「嫌なこと」などは
イラ イラ
紙に書き出してスッキリしましょう
うーんと
ベッドサイドや台所など自分のテリトリーにノートを置いておいて書き出します
カキカキ
今日は、せっかくの休みだったのに起きたら夜だった…!!
やっちまったなぁ…
くっそー もったいねー 1日損したッ バカバカ自分!
これも神様からの「休め」かな…
…
ま、いっか…
書いてるうちにほっこりして心が落ち着いてきたりします
明日、卵を買わなくちゃ
なんてものでもOKです! とにかく今気になることを書いてみて!
もうないかな……?
と自分に聞いてあげてなくなるまで書き出そう
お腹太りの人は他人に言えない気持ちをため込んでる人が多いのです 書き出すと どうでもよくなったりするのでおススメです
溜
そしていつか…
まっしろ…
あれ…? 何もないや
なんてスッキリした日が来るものです
これも毒出し

体重は「あえて」服を着たまま測ろう

−2Kg

〜体重危険ゾーンを永遠に超えない秘策〜

服を着たまま測るなんてイヤァ〜
服によっては1kgくらい増えちゃったりしてヘコみます〜
ガーン
今まで見たことない数字がそこに…
これは「危険ゾーンを永遠に超えない秘訣」なのですよッ!!
常に+500g〜1kgを踏まえて生活していると簡単にリバウンドしなくなるんです!
私なんていつも服のまま測ってるから実際はもう少し軽いのよ♪
なるほどね〜
時計を少し進めておくのと同じ理論ですね
安心♥
2kg増える少し前に気づけば「美トイレ」だけで簡単に落とせます
3kgゾーンに入っちゃうとそう簡単ってワケにはいかないんでね
オススメですよっ
服を着た状態で理想体重にしておけば「1kgの余裕」があるってことだもんね〜♪
そりゃいいかも〜〜♥
保険みたいなもん…?

甘いものは“かわいい”くだもので♪

−2kg

甘いものが食べたい時 みんなはお菓子を 食べるけど……
お菓子は炭水化物だから 脂肪に直結!!
洋菓子はお尻の下に お肉が付くし
和菓子は下っ腹と 内ももに付いちゃうの!!
ボヨヨ〜〜ン
う〜ん 心当たりあり…
和菓子好き
本来体が求めているのは 酵素の甘み!なので フルーツを食べればいいのです!
考えてみてください…
可愛い女子は 可愛いものを キレイな人は キレイなものを 食べて いませんか?
いちご
ハーブ
やさい
とうふ
K姉妹は 毎日ステーキだそう
そういう感じが あるものですわね…
外見にあらわれるのね……
カツドン
あんパン
カップラーメン
可愛くなりたかったら 可愛いものを 食べなはれ! つーことですねっ♡
カワイイフルーツ
かわいくないのは…
失礼な
アボカド
バナナ

やってます!

かなつ久美のデトックス生活

その3

出る出る♥ 手軽に酵素でデトックス

出る出る大根、野菜が手に入らない場合や
旅行などで便利なお手軽酵素♥

オススメ

かなつ 愛飲品は こちら

バオバブ酵素ドリンク　(株)美意識

100種類の野菜、果物、海草、野草を2年以上
樽で寝かせた酵素とバオバブパウダーと
コラーゲンが入った、ちょっとトロッとしてて
すごく美味しい酵素ドリンク
飲むだけでキレイになる気がする〜♥

バオバブは
ビタミンC、食物繊維
豊富なんだって♥

ウマ〜♥

森川酵甦　森川健康堂(株)

野菜、果実、海藻類など天然素材を
黒砂糖と樽で漬け込んだもの
トロ〜リと美味しいから
クセになってやめられないっ♥

トロ〜

エピローグ　ついに最終結果、出ました！

エピローグ
最終結果発表
うひ〜っひに 今日は最終測定 です〜〜
結果やいかにっ
美トイレ毒出し生活を 始めて早2カ月…
今日は いよいよ 最後の 測定日っ!!
キンチョー…
カノンサロンに 向かう手と足が 一緒に出ちゃう わたし達
私 かなつの手応えは バッチリなんじゃが…
取っとくなよ…
体は軽いし
黒のロンタイ
深いスリット
10代の頃に履いてた ツッパリスカートも すんなり履けたし
まさか40代で これが履ける とは……
おしっこも いっぱい出るしね（元々…）
私だって会社の みんなに 「痩せたね〜」って 毎日言われるも〜ん
もう 女子社員に 大人気♥
どうやって 痩せたの？？ 何やったの？ おしえなさよっ
オラオラ オラっ
がく がく がく がく
あとは数値でどこまで イケたか！だね♥
パーン
イケる気が する〜
カノンサロンに着くと カノンさん開口一番
わあ〜♥ 2人とも 更にキレイに なってる〜♥
こりゃ測定が 楽しみですね 〜♥

うふ♥服装もボディコンシャスなTシャツなどをついつい選んじゃうようになりました♥
ショーパン♥
ミニワンピ♥
痩せるとみんな服装が変わるのよね～♥
ではさっそく測ってみましょうか
そこで我々が見たものはっ!!
結果発表♥
かなつ久美 スタートから2.5ヵ月後
体重 －3.5kg
ウエスト －6.4cm
下っ腹 －10.4cm
ヒップ －4.8cm
お尻の下（股関節） －1.6cm
太もも －2.8cm
ふくらはぎ －0.7cm
足の甲 －0.4cm
ばーん
ゲゲッッ
下っ腹マイナス10・4cmって…
マジィ!?
おんげー!
苦労してないのに……
ちなみにバストはカップ数はキープしてるのにアンダーは3cmも減ったんですよね
脇をなでた効果ですね
…スゴイ
体重マイナス3.5kg
2kg以上はとりあえず難しいと言われてるのに…
…

目標にしてた15年前のジーンズも…
まだちょっとおそるおそる……
バッチリ履けましたぁ♥
青春カムバックゥ♥
カバー写真を見てねー♥
わー
パチパチ
パチ
ちゃんとしっかり食べてたのに…
実はお菓子も食べてたし……
かなつさんはおしっこもよく出るし悪いものを食べてなかったからね♥
ワクワク
ねね私も…
早く測って♥
L田さんもかなりいい結果が出てますよ♥
ニカっ
結果発表♥
L田M子スタートから2ヵ月後♥
体重 ー3.4kg
ウエスト ー4cm
下っ腹 ー10.6cm
ヒップ ー2.5cm
お尻の下(股関節) ー5.1cm
太もも ー2.0cm
ふくらはぎ ー0.6cm
足の甲 ー0.3cm
じゃ〜ん

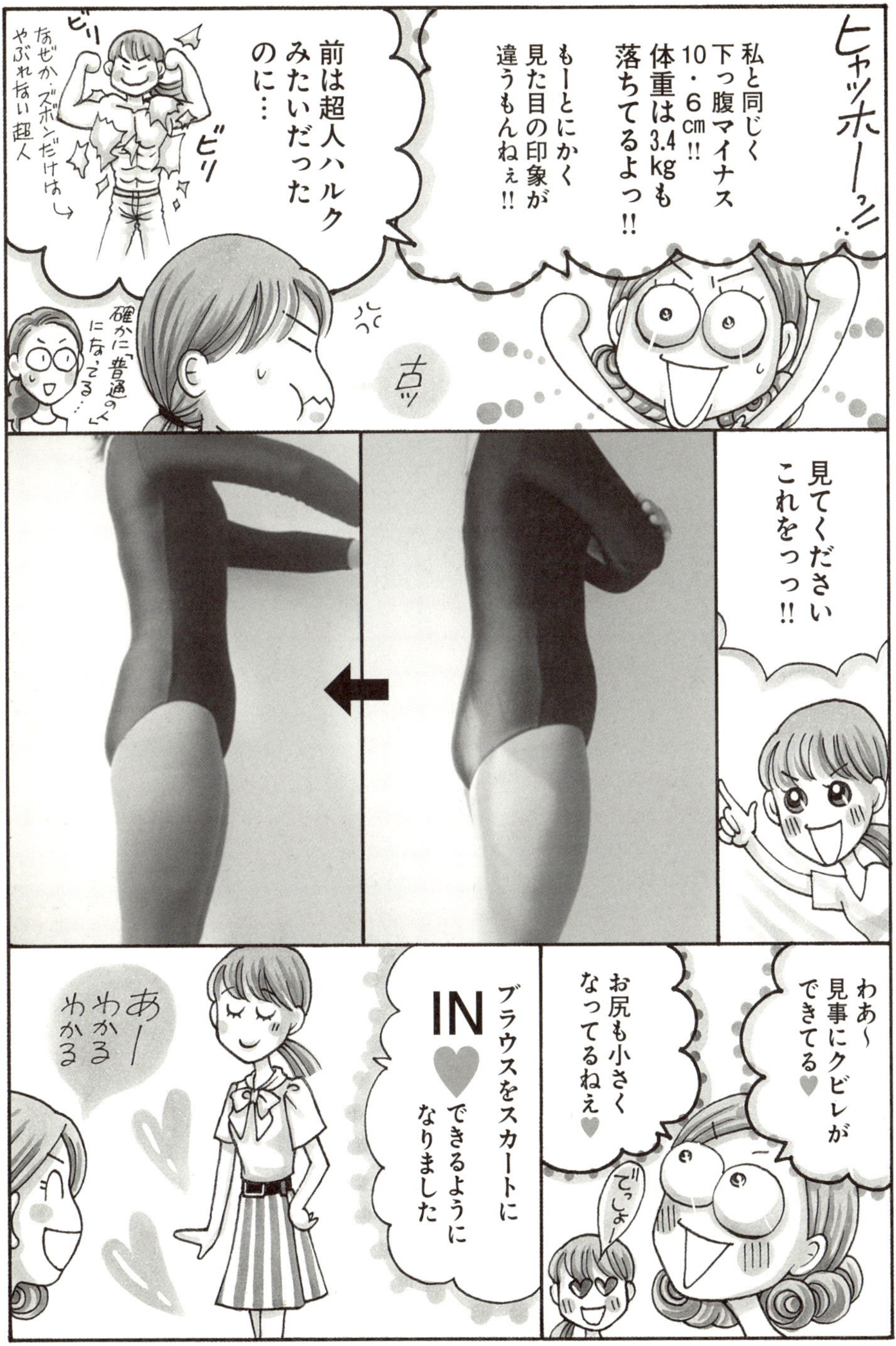
ヒャッホーっ!!
私と同じく下っ腹マイナス10・6cm!!体重は3.4kgも落ちてるよっ!!
もーとにかく見た目の印象が違うもんねぇ!!
前は超人ハルクみたいだったのに…
ビリ
ビリ
なぜか、ズボンだけはやぶれない超人
確かに「普通の人」になってる…
見てくださいこれをっっ!!
わあ〜見事にクビレができてる♥
お尻も小さくなってるねぇ♥
でっしょ
ブラウスをスカートにIN♥できるようになりました
あーわかるわかる

ダンナには
「後姿が全然違う♥」って
言われました♥
うふっ
あっそう
ワタシなんて「腹ペタ」で
腹筋が少し割れたよ♥
腹筋が割れてる
漫画家はなかなか
いないぞ～♥
いやホントに…
プラスアルファとして
私はずっと
「引き締めストッキング」を
履いて「腹ペタ」してました
ひきしめMAX!!
圧力がかかっているため
むくまない
たるまない
そして こだわりは
大根はいつも
「新鮮」なものを
食すこと！
小さいサイズをこまめに買う!!
新鮮なうちが酵素が多い
フルーツも！
そして食事の時
先にみそ汁と大根を
食べてしまうので
最後の
「ごはん」まで
辿り着かず
お腹いっぱいに
なるため
劇的に摂取量が
減ったというのも
あります
野菜みそ汁
大根
おかず
ごはん
ここでお腹いっぱい
そうそう♪
もうクセが
ついてて
先日久々に
ピザを食べたら
小さいの2切れしか
食べられなくなってた
以前のドカ食いどこへやら…

でピザを食べた
翌日には顔に
ニキビが出ました
毒素排出?
プッ!!とね
そういう
油モノを
受け付けない
体になった
んだね♥
かなつさんも
L田さんも
顔の輪郭が
ずい分シャープに
なりましたね♥
マジィ〜!?
とそれを見ていて突然
暴れ出したのが編集・Hさん
ブヒーーッ
私もやりたい——ッッッ!!
私だけ置いてけぼりーーッ
不動の54kg
あら♥
アタクシ達
みたいに
なれるかしら?
私も理想体重まで
がんばりますぅっ
きぃーぃっ
キレイに
痩せると
まわりの
キレイも
刺激して
キレイが
どんどん
増えてゆく
幸せな人が
増えていくんだね♥
non-no
体重よ♥
私は維持しなくちゃ!
私も4kg落としますぅ♥
ニコ
ニコ

あとがき
この本をお手に取ってくださいまして
ありがとうございました♥
今回私は今までにないオリジナリティあふれるカノン式ダイエットを知り
目からウロコが2枚落ちました
ポロロ…
いやそのくらい衝撃的な
常識を打ち破るダイエット法なのでした
辛いことは一切しない
ここまで究極的に簡単でダイエット効果バツグンの上日々の毒出しができる
毒
毒
これはスゴイこと!
何が驚くってカノンさんの自分実験
10kg太って5kg痩せてみた〜♪
ひざだけ2kg落としてみた
2kg落としてバストに1kg付けたの〜
何を食べたらどこに肉が付くか全部わかるの〜
顔をまあるく作ってるの
そして話し出したら止まらない
大根はね
チョコは
油は
和菓子は
おしっこは
腸は
ホラ!誰か止めないと!
L田さんもすっかり幸せになっちゃって
この体重何年ぶりかしら…
もう、うれしいです。
私も
「自分が許せる体」
になれました♥

痩せたら叶えたいことに
向かってするダイエットは
強い！
目的を持って
目標を掲げて
夢に向かって
あの店で働きたい
彼氏がほしい～
あの服を着たぁい
結婚式で細いドレスを着たい
Gパンをさっそうと履きたい
自分で自分に
OK♥
を
出せるカラダになる
カノンさんの言う
それって幸せでしょ？
つーことですよね♥
辛いダイエットはたとえ効果が出たとしても
それって幸せじゃないものね
そう
体重&体型コントロールは幸せになるためにするもの♥
だから辛いものであってはイケナイ
だから健康的で体に優しい
「美トイレ習慣」で
毒出しして
お腹も心も
スッキリ
快適に
幸せになりましょう♥
最後まで読んでくださいまして
ありがとうございました

体型に合わせて、
一番痩せやすい組み合わせを選んでみましょう!
無理なくデトックスして痩せられますよ。

なでるだけ必殺技	痩せるために心がけたい食生活
・マッサージ腹ペタ(P72) ＊マッサージ腹ペタにはなでる要素も入ってます	・食事の際、ご飯や麺類など炭水化物を一口残す。 ・食事の際は和食にしてお味噌汁から食べる。
・お尻ブラジャー (P84)	・炒めものや揚げものを控え焼いただけ、ゆで蒸し系の料理にする。 ・ドレッシングやマヨネーズをノンオイル、ポン酢に。 ・クッキーやチョコレートも油もの！お菓子はフルーツに変えよう。
・背中なでエクササイズ(P82)	・乳製品 (牛乳やヨーグルト、チーズ、コーヒー用のクリームなど)を控える。
・ふくらはぎを細くする! (P86)	・食事の回数は、1日3回までに。 ・食事の間隔を4時間以上あけて。

美トイレ毒出しダイエット
タイプ別プログラム★

		おすすめ腹ペタ運動
胴体ぽにょタイプ 手足は細いのに 胴体だけ太っちゃう人。 かなつタイプ! 	おしっこサイクル＋出る出る大根は全タイプ必須! （まずは2週間やって、痩せ力をアップさせよう）	・床腹ペタ（P70）
下半身ぽにょタイプ 上半身は ほっそりだけど お尻や足が太い L田さんタイプ! 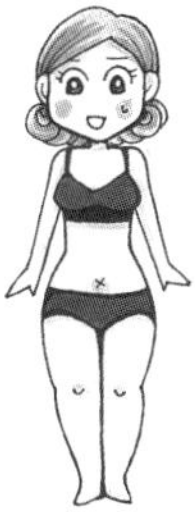		・ひざ立ち腹ペタ （P74）
上半身ぽにょタイプ 足は細いのに 肩まわりやお腹が ぽっこり 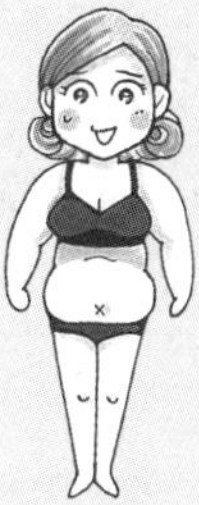		・マッサージ腹ペタ （P72）
全身ぽにょタイプ 全体的に太ってる人 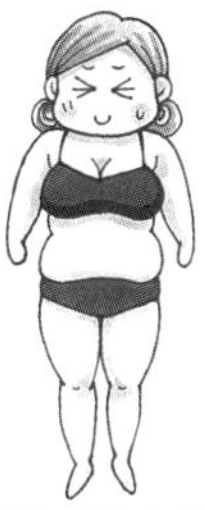		・〈上半身が気になる人は〉 マッサージ腹ペタ（P72） ・〈下半身が気になる人は〉 ひざ立ち腹ペタ（P74）

美トイレ毒出しダイエット
体重差チェック表

朝の美トイレ習慣のビフォーアフターで、
体重差がどれだけ出るかメモしてみましょう。
痩せ力がアップしているかどうかが分かりますよ。

日付	朝、おしっこ前	朝、おしっこ後	その日、食べたものメモなど
／	kg	kg	
／	kg	kg	
／	kg	kg	
／	kg	kg	
／	kg	kg	
／	kg	kg	
／	kg	kg	
／	kg	kg	
／	kg	kg	
／	kg	kg	
／	kg	kg	
／	kg	kg	
／	kg	kg	
／	kg	kg	

あとがき

美トイレ習慣で、おしっこ、うんちがキレイになると、体と心で笑える毎日がやってきます。かわいい笑顔ってステキですよね。私は、便秘・ニキビに、妊娠8カ月のような下っ腹で悩んでいた頃、自分を可愛いと思ったことがありませんでした。
美トイレ習慣で体の中からお腹ぽっこり体質を改善した結果、下っ腹が引っ込んで、ニキビが消えただけでなく、悩んだり落ち込んだりという日も少なくなってきたんです。しかも、お腹の調子が良くなると、バストアップ!しちゃいます。体がどんどん女性らしくなって 笑顔も増えてきて、ついに結婚まで! だんなさんとの夫婦円満の秘訣として、美トイレ習慣も勧めてます。
ぜひぜひ、皆さんも美トイレ習慣で女子力アップ! しちゃってください。
あなたの笑顔で、みんなが幸せになりますように。

蓮水カノン*

美トイレ
毒出しダイエット

2011年5月20日　初版第1刷発行
2011年6月14日　　　第2刷発行

著者
かなつ久美

[教えた人]
蓮水カノン*

発行人
後藤香

発行所
株式会社メディアファクトリー
〒104-0061 東京都中央区銀座8-4-17
TEL 0570-002-001

印刷・製本
株式会社 光邦

ブックデザイン
アルビレオ

写真
大河内 晃

医学監修
大嶋葉子

ISBN 978-4-8401-3918-2 C2077